역사를 따라 걷다 1

가슴 뛰는 국외 독립운동 답사기

역사를 따라 걷다 1

내몽고 · 흑룡강성

초판 1쇄 발행일 2013년 3월 1일

지은이_ 김주용
펴낸이_ 윤관백
펴낸 곳_ 도서출판 선인
출판등록_ 제5-77호(1998. 11. 4)

인쇄_ 소문사
제본_ 바다제책

주 소_ 서울시 마포구 마포동 324-1 곳마루B/D 1층
전화_ 02) 718-6252
팩스_ 02) 718-6253
E-mail_ sunin72@chol.com

정가_ 14,000원

ISBN 978-89-5933-598-5 (세트)
     978-89-5933-599-2 04900

■저자와 협의에 의해 인지를 생략하고, 잘못된 책은 바꾸어 드립니다.
■이 책은 저작권법에 의해 보호받는 저작물이므로 무단 전재 및 복재를 금합니다.

역사를 따라 걷다 1

내몽고 · 흑룡강성

| 김 주 용 |

선인

"사적지는 선열들의 미래를 향한 외침이자, 우리가 지키고 기억해야 할 소중한 문화유산이다."

　어느 날 밤, 갑자기 정전이 됐다. 일순간 눈먼 장님이 된 필자는 휴대폰의 가녀린 불빛을 지팡이 삼아 창고 방 여기저기를 들쑤셨다. 이런 날을 대비해 어딘가에 준비해둔 초를 찾기 위해서였다. 한참을 뒤적이고 있는데, 그 순간 아무 일도 없었다는 듯 다시 불이 켜졌다. 엉망이 돼 있는 방안을 멍하니 바라보고 섰는데, 저 멀리 먼지가 수북이 쌓인 오래된 상자 하나가 보였다. 내 것은 분명한데, 그 속에 무엇이 들었는지 도통 생각이 나지 않았다.

　'후-.'

　먼지를 불어내고 상자를 열어보니, 그 안에는 필자의 빛바랜 학창시절 사진과 함께 당시를 떠올리게 하는 물건들이 들어 있었다. 잊고 있었던 기억들이, 사라졌던 기억들이 그 순간 생생하게 되살아났다. 만약 정전이라는 갑작스런 사건이 일어나지 않았다면, 또 먼지를 불어내고 그 상자를 열어보지 않았다면, 내 것은 분명하지만 잊고 지냈던 소중한 추억들이 그렇게 점점 잊혀져 결국엔 사라져버렸을지도 모른다.

　우리의 역사도 이와 같지 않을까? 오랜 시간의, 오랜 무관심의 먼지를 털어내고 직접 들여다보지 않는다면, 우리 것은 분명하지만 우리가 기억하지 못하는 역사가 되어 결국에는 사라져버릴지도 모른다.

이번 답사기를 기획하게 된 것은 바로 이러한 조바심 때문이었다. 정말 어느 순간에는 우리의 역사를 아무도 기억하지 못하는 상황이 찾아올 것만 같은 두려움이 엄습해 왔던 것이다. 그래서 필자는 잊혀져 가는 우리의 기억을 되살려줄 수 있는 창고 방 먼지 쌓인 상자와 같은 곳들을 찾아 나서기로 했다. 그곳은 바로 그날 그 순간의 시간이 묻혀진 '사적지'다. 그중에서도 우리의 오늘을 향해 목청껏 독립을 외쳤던 독립운동가들의 흔적을 찾기로 했다. 고장 난 기억의 파편을 조금이라도 복원해내기 위해 잊고 있던 독립운동가들의 삶의 궤적을 찾아 나서기로 한 것이다.

그러나 답사의 길은 결코 평탄하지 않았다. 오랜 시간 쌓인 무관심의 먼지로 인해 사적지로 가는 길은 희미하고 어려웠다. 답사는 여러 번에 걸쳐 이루어졌는데, 그 어느 길도 우리를 쉽게 허락하지 않았다. 준비 과정에서부터 답사 여정에 이르기까지 많은 난관에 봉착했다. 하루 동안 1,100km를 주파한 적도 있고, 국경지대에서는 뜻하지 않은 복병을 만나 애를 먹기도 했다. 결코 순조롭지 않았던 답사 길을 계속 오를 수 있었던, 아니 오를 수밖에 없었던 이유는 다음과 같다.

먼저 21세기를 살아가고 있는 우리 대한민국 사람들, 그중에서도 우리의 미래인 젊은이들에게 결코 잊어서는 안 되는 소중한 사실들을 보여주고 싶었다. 오늘날 우리는 여러 곳을 여행하며 산다. 대한민국 여기 저기는 물론 세계 여러 나라를 자유롭게 다닌다. 그러나 그것은 대부분 자신의 일 또는 자신의 즐거움을 위한 것이다. 타인을 위해, 나아가 우리의 삶과 우리가 누리고 있는 모든 것들을 존재하게 한 독립운동가들의 흔적을 찾기 위해 나서는 이들은 많지 않다. 정의와 공의로 불의와 폭력에 맞선 선열들의 삶과 정신은 우리의 현재를 존재하게 한 빛나는 씨앗이자, 보다 아름다운 미래를 여는 열쇠이기도 하다. 우리는 이 사실을 가슴 깊이 새기고, 그 흔적을 찾아 보존하고 기억하는 일에 힘써야 한다. 우리의 답사는 여기에 조금이나마 보탬이 되고자 하는 뜻에서 시작됐고, 그 결실이 바로 이 책이다. 대한민국 사람들뿐만 아니라, 나아가 중국인들에게도 공동 항일투쟁의 역사가 엄연히 존재하고 있음을 알리는 역할을 하고자 한다.

우리는 이런 목적을 가지고 답사에 임했기 때문에 어떠한 고난에 부딪혀도 다시 힘을 내 앞으로 나아갈 수 있었다. 독립운동가들이 걸었던 그 길을 함께 하고 있다는 가슴 벅찬 뿌듯함은 내일의 여정을 준비하는 동력으로 작용했다. 그 길을 함께 걸어 준 모든 이들에게 그저 감사할 따름이다.

『역사를 따라 걷다』 1권의 특징을 간략하게 소개하면 다음과 같다.

첫째, 내몽고 지역을 처음으로 소개했다. 중국 동북 지역 관련 답사기는 비교적 많이 나온 편이다. 하지만 내몽고 지역에서 펼쳐졌던 한국동립운동의 열기는 우리에게 거의 전달되지 않았다. 염호 선생님과 같은 선학들의 가르침이 없었다면 이 답사기도 세상에 나오지 못했을 것이다. 역사가 인간의 이야기이듯 사적지 역시 인간들의 흔적이며 이야기다. 이 부분에 초점을 맞췄다.

둘째, 지금까지 제대로 다루지 않은 흑룡강성 북부 지역 독립운동가들의 삶을 조명하려 했다. 이들 지역에는 너무나도 가슴 아픈 이야기들이 많이 있지만, 후대들의 오랜 외면으로 그 빛이 점점 사라지고 있다. 특히 세브란스 1회 졸업생인 의사 김필순의 활동 무대였던 치치하얼과 강철구의 순국지인 가목사 지역은 국내에 거의 소개된 바가 없다. 이외에도 황포군관학교 교관이었던 양림은 그의 부인 이추악과 흑룡강성 상지 등에서 활동했고, 배치운은 항일투쟁을 하다 흑룡강성 탕원현에서 순국했다. 이들의 이야기에 쌓인 오랜 먼지를 털어내고 누구보다 빛났던 그들의 삶을 독자들에게 보여주고자 한다.

이 책은 독립기념관의 배려가 없었다면 세상에 나올 수 없었다. 필자는 2005년부터 지금까지 수없이 많은 날들을 중국 동북 지역에서 보냈다. 그 시간들 속에서 필자는 한족들과는 한·중 항일투쟁에 대한 이야기를, 조선족들과는 '조선인(한인)'들의 애환과 현재 그들이 살아가는 삶의 진솔한 이야기를 나눌 수 있었다. 이러한 기회를 준 독립기념관은 필자에게는 고마운 일터이자, 큰 스승이다.

필자는 이 책을 준비하는 지금도 새로운 답사를 계획하고 있다. 이 책은 필자가 시리즈로 내기 위해 공력을 들인 첫 번째 작품이다. 이를 시작으로 앞으로 필자는 두 번째, 세 번째, 그리고 그 다음 작품들을 계속해서 세상에 내놓을 것이다. 잊혀져가는 우리 독립운동가들의 흔적이 있는 곳이라면 그곳이 어디든, 아무리 험한 곳이든 주저하지 않고 찾아갈 생각이다. 이 책을 읽는 독자들도 필자가 앞으로 나아갈 그 길에 동행해 주시지 않겠는가? 역사를 따라 걷는 그 길에서 시간의 먼지 속에 묻힌 소중한 보물들을 함께 발견해 나갈 수 있게 되기를 기대해 본다.

1년에 절반 이상 집을 비우며 '조국과 민족을 위해', '한중우의를 위해'라고 말하는 남편을 그저 믿고 기다려 주는 아내와 아버지의 빈자리에도 잘 자라준 아이들에게 고마움을 전한다. 끝으로 새로운 답사기를 쓰겠다는 필자를 적극 지지해주고 출판까지 해준 선인출판사 윤관백 사장과 편집부 여러분, 교정·교열에 열과 성을 다해준 김은혜 씨에게 감사의 마음을 전한다.

2013년 3월
북한산 밑 세검정에서

목차 ‖ Contents

길을 떠나기 전에

-내몽고 · 흑룡강성

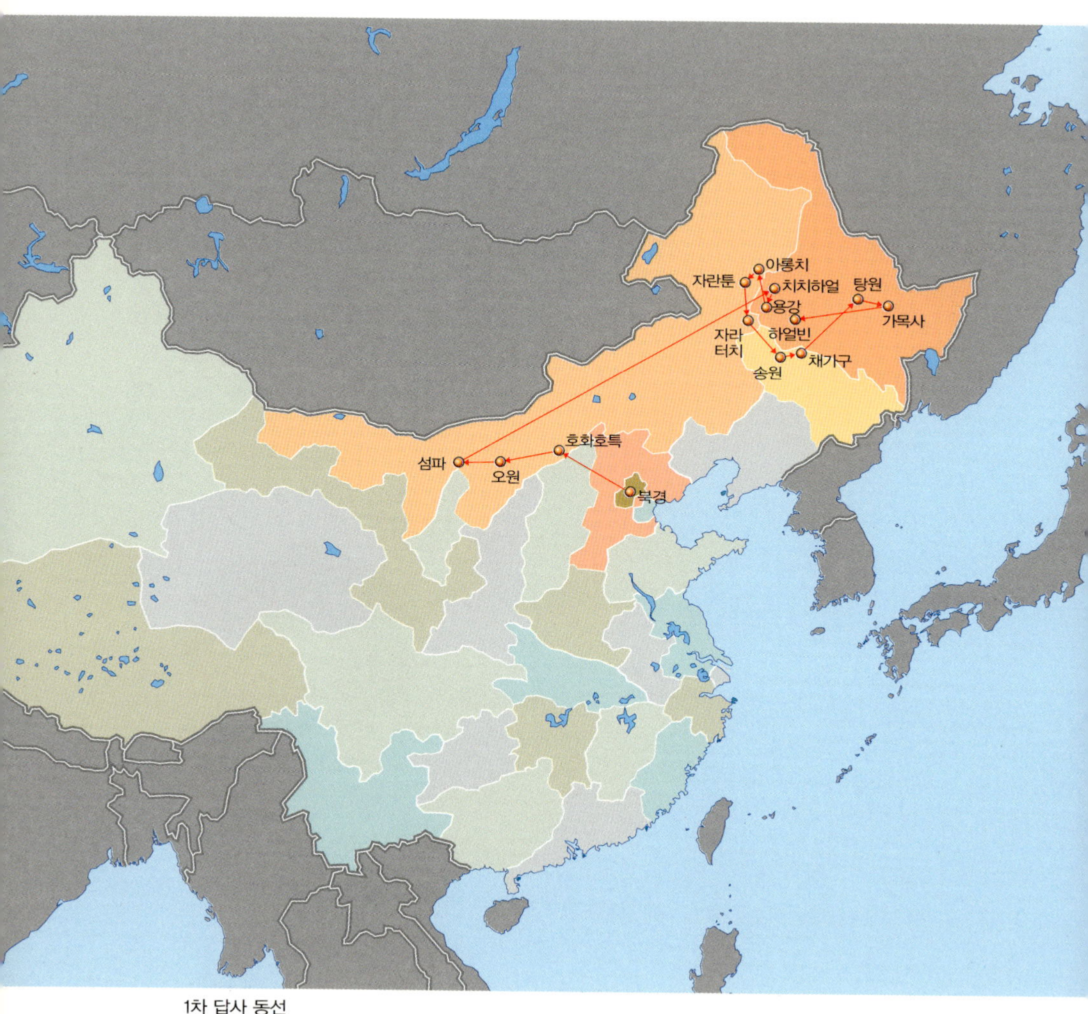

1차 답사 동선

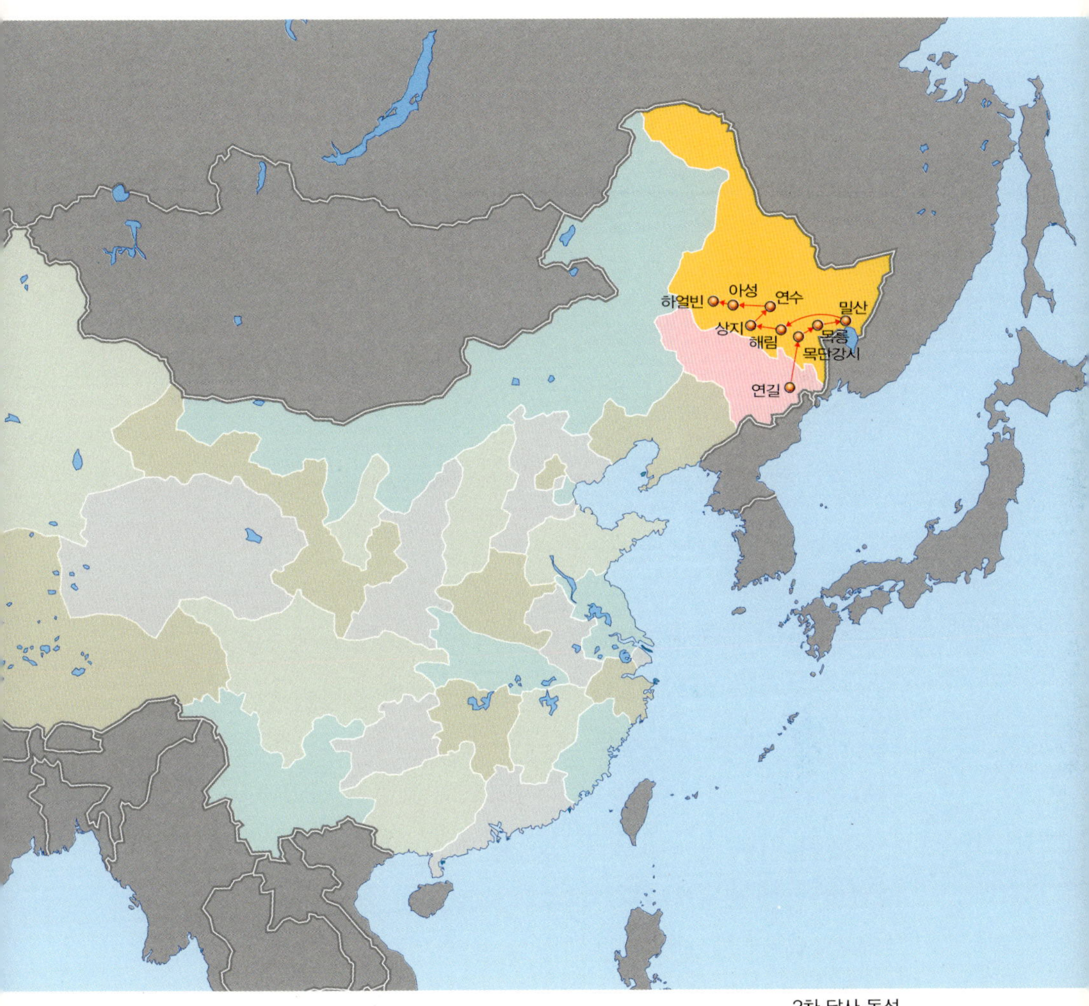

2차 답사 동선

길을
떠나기 전에

-내몽고 · 흑룡강성

필자가 이 답사기의 첫 번째 지역으로 선택한 곳은 '내몽고(內蒙古, 네이멍구)와 흑룡강성(黑龍江省, 헤이룽장성)'이다. 중국 지도를 펼치면 몽골공화국 바로 밑에 동서로 길게 자리 잡은 내몽고 자치구가 한눈에 들어온다. 동서 길이가 2,400km에 달하는 내몽고는 중국 대륙의 동서 길이인 5,000km의 절반을 차지하고 있다. 한반도의 약 5배 정도 면적인 내몽고 자치구는 그동안 한국 독립운동과는 전혀 연관 없는 지역으로 알려져 있었다.

그랬던 이곳이 국내의 관심을 받기 시작한 것은 2002년 독립기념관이 내몽고에 위치한 포두(包頭, 바오터우) 지역의 배달농장(倍達農場)을 조사하면서부터다. 당시 독립기념관은 이곳을 포함해 해외 항일 유적지를 새로 발굴한 바 있다. 구체적으로는 낙양(洛陽, 뤄양)의 군관학교 터, 연안의 조선의용군 근거지였던 천구촌, 서안 두곡진의 한국광복군 제2지대 본부 터, 북경(北京, 베이징)의 군사통일회의 장소 및 이회영(李會榮)·신채호(申采浩)·김산(金山, 본명 張志樂)의 활동지, 천진(天津, 톈진)의 불변단과 주화대표단 터다.

이 중 내몽고 포두 지역 배달농장 터 발굴은 그동안 만주에 국한해서 이루어졌던 독립운동기지 관련 연구의 시야를 내몽고 중서부 일대로 넓히게 한 계기가 됐다.

하지만 이 지역에 대한 관심은 아쉽게도 오래 지속되지 못했다. 이후 내몽고 지역은 별다른 주목을 받지 못한 채 사람들의 기억 저편으로 다시 잊혀져 갔다. 그랬던 이 지역에 사람들의 눈과 귀를 다시 집중시킨 인물이 있었으니, 바로 '이자해'다. 2007년 광복절에 이자해가 독립유공자로 선정되면서 내몽고 지역은 다시금 조명을 받기 시작했다.

이자해는 필자에게도 참 특별한 인물이다. 2007년 당시 이자해의 손자가 필자가 근무하는 독립기념관을 방문했고, 이것이 이번 답사를 추진하게 된 결정적인 계기가 됐기 때문이다. 현대를 살아가는 우리들에게, 미래를 꾸려갈 우리 후손들에게 사적지를 통해 잊혀진 우리의 역사를 알려야 한다는 생각을 품고 있었던 필자에게 이자해는 그 첫걸음을 내딛을 수 있는 용기를 주었다. 필자는 시간의 거센 모래바람 속에 잠든 작은 거인을 만나보기로 결심하고 답사 계획을 세웠다. 우리들의 무관심으로 오랜 시간 홀로 외로웠을 그에게 들어야 할 이야기도, 들려주고 싶은 이야기도 많았기 때문이다.

필자는 이자해가 활동한 곳과 그의 묘소을 차례로 살펴보기로 하고 세부 답사 일정을 세워나갔다. 오랜 시간 쌓인 시간의 무게만큼이나 조사해야 할 곳도, 해야 할 일들도 참 많았다. 그런데 답사를 계획하는 과정에서 조금씩 욕심이 자라났다. 내몽고와 만주 지역은 이자해를 비롯해 수많은 한인들의 이야기가 묻혀 있는 땅이다. 이자해를 시작으로 그들의 이야기도 함께 꺼내 세상에 내놓고 싶었다.

이자해의 삶과 희생이 묻힌 내몽고 자치구는 북부는 몽골, 러시아와 인접해 있고 동부·남부·서부는 흑룡강성(黑龍江省, 헤이룽장성), 길림성(吉林省, 지린성), 요녕성(遼寧省, 랴오닝성), 하북성(河北省, 허베이성), 산서성(山西省, 산시성), 섬서성(陝西省, 산시성), 감숙성(甘肅省, 간쑤성)과 인접해 있다. 이에 필자는 답사 기간 동안 이자해의 활동지뿐 아니라, 그 주변에 숨겨진 또 다른 이야기들도 찾아나서기로 했다. 즉, 내몽고와 인접해 있는 흑룡강성이 활동무대였던 김필순을 비롯해 그동안 제대로 조사되지 않은 한인들의 활동무대 역시 살펴보기로 한 것이다.

답사는 두 차례에 걸쳐 이루어졌다. 1차 답사 일정은 2007년 10월 8일부터 10월 18일까지 11일간이었다. 먼저 이자해의 활동무대였던 내몽고 지역 호화호특(呼和浩特, 후허하오터)과 오원(五原, 우위앤), 섬파(陝垻, 산빠)를 조사했다. 이어 김필순의 활동무대였던 흑룡강성 치치하얼(齊齊哈爾, 제제합이)과 용강현, 내몽고 동부에 위치한 아롱치(阿榮旗, 아영기), 자란툰(扎蘭屯, 찰란둔), 자라터치(扎賚特旗, 찰뢰특기)를 살폈다. 그리고 송원을 지나 채가구(蔡家溝, 차이지아거우)에서 흑룡강성 탕원(湯原, 탕위앤)을 거쳐 가목사(佳木斯, 자무쓰)와 하얼빈(哈爾濱, 합이빈) 지역을 답사했다. 장장 5,000km의 대장정이었다.

2차 답사 일정은 1차 답사 후 10개월이 지난 2008년 8월 17일부터 8월 25일까지로 9일간이었다. 이 답사는 이전 답사의 심화조사인 동시에 신규 조사이기도 했다. 먼저 항공 스케줄에 따라 길림성 연길(延吉, 옌지)로 들어가 흑룡강성 목단강(牡丹江, 무단장)과 목릉(穆棱, 무링) 거쳐 밀산(密山, 미산)부터 답사를 시작했다. 밀산은 경술국치 이전부터 독립운동기지로 주목을 받았던 곳이기에 첫 조사 지역으로 선택했다. 다음으로 흑룡강성의 해림(海林, 하이린), 상지(尚志, 상즈), 연수(延壽, 옌소우), 아성(阿城, 아청)을 답사했다. 약 3,000km에 달하는 코스였다.

이자해에 대한 관심에서 시작된 답사는 결국 내몽고와 흑룡강성 지역을 아우르는 답사로 규모가 커져 버렸다. 다소 무모한 계획이었을지 모르지만, 세월은 더 이상 사적지를 그대로 놔두지 않기에 필자는 이 길고 힘겨운 길에 기꺼이 올랐다.

아롱치
자란툰
치치하얼
탕원
용강
가목사
자라
터치
하얼빈
채가구
송원
섬파
오원
호화호특
북경

1. 하얀 가운을 입은 독립운동가 Ⅰ

- 이자해

〈답사 일 : 2007년 10월 8~10일〉

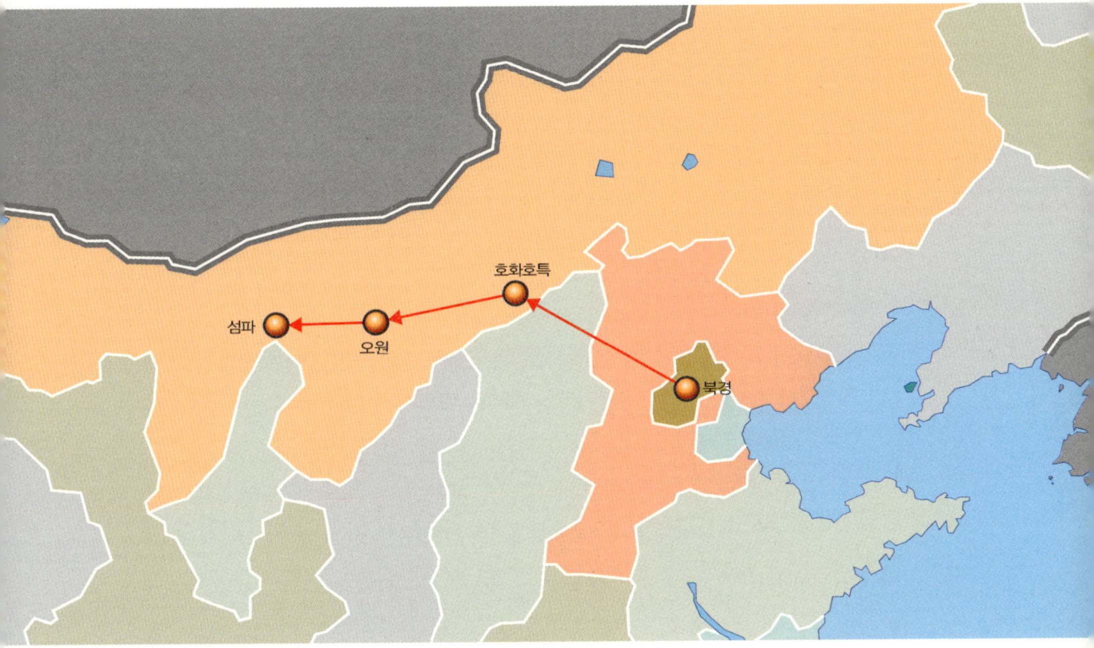

오원 중국 국민정부 병원 터/ 오원 감옥/ 섬파 거주지 터/ 호화호특 기독교 묘원

이자해의 흔적을 찾아 출발

벗이여,

나는 지금 헐떡헐떡 달아나는 경의선 급행열차 한쪽 구석에서 창밖으로 보이는 만리장성을 가끔가끔 내다보면서 이 글을 쓰나이다. 아침 여덟 시 반 북경을 떠난 기차는 열 시에 남구를 지나 지금 청룡교로 향하는 중이오며, 우리가 탄 일등차간에는 40여 세 되어 보이는 서인 화가 한 분이 무슨 사생을 하노라고 연필을 분주히 놀리고 있는 외에 서국 부인 4, 5인이 무슨 재미있는 이야기를 하고는 웃음의 합창을 하면서 있나이다.

벗이여,

만리장성과 서인 유람객. 이 교묘한 대상은 나에게 여러 가지 깊은 인상을 주오며 더구나 흥패의 원리에 대하여 어느 철가의 명저보다도 더 심오한 묘리를 말하는 것 같사외다.

1923년 잡지 『개벽』 40호에 실린 내몽고 기행문의 첫 소절이다. 이 글의 주인공은 사회주의 운동가 양명(梁明)이다. 1919년 무렵 북경으로 망명한 양명은 1924년 북경 한교동지회(韓僑同志會) 회원으로 활동했고, 1925년 8월 귀국해 조선일보사 정치부 기자로 근무하면서 안광천(安光泉)의 소개로 조선공산당에 입당했다. 이후 그는 고려공산청년회 책임비서, 조선공산당재건조직대회 중앙위원 등으로 활동했는데, 한위건(韓偉鍵) 등과 비밀결사 조직을 지도한 사실이 확인돼 2007년 애족장에 추서됐다. 위 글은 양명이 내몽고를 답사하기 위해 북경에서 기차를 타고 가면서 쓴 것이다.

그로부터 84년 후, 나는 양명이 떠났던 그 답사 길에 올랐다.

다만 그때와 다른 것을 꼽자면, 첫째 양명은 혼자였지만 나는 혼자가 아니었다는 것이다. 2007년 10월 8일 오전, 나는 원광대 사학과의 김영신 박사, 독립기념관 자료실의 오영근 학예연구관, 독립기념관 연구소의 오대록 연구원과 함께 내몽고의 대표적인 독립운동가 이자해의 흔적을 발로 쫓고 눈으로 확인하기 위해 북경에 도착했다.

양명의 답사와 다른 것 두 번째는 그는 내몽고까지 열차를 타고 갔지만, 나는 비행기를 타고 갔다는 것이다. 우리 일행은 내몽고까지 운항하는 직항로가 없는 관계로 우선 북경 수도공항으로 간 다음, 그곳에서 4시간 정도 기다린 후 호화호특행 비행기에 몸을 실었다. 그로부터 1시간 10분 후, 비행기는 안전하게 호화호특 공항에 도착했다. 내몽고에서 토목건축 공무원 생활을 하다 자신의 뿌리에 관심을 가지고 『내몽고조선족』을 편찬한 조선족 학자 염호 선생님께서 1934년생인 노구임에도 불구하고

이름만큼 하늘이 파란 호화호특 공항

기꺼이 마중 나와 지친 답사단을 따스하게 맞아주셨다.

내몽고 자치구의 수도인 호화호특은 몽골어로 '푸른 도시'라는 뜻을 가지고 있다. 16세기 중반 호화호특을 건설할 당시 청색 기와로 성벽을 쌓았기 때문에 붙여진 이름이라고 한다. 지명에서 알 수 있듯 이 지역의 원래 주인은 몽골인이었으나, 오늘날 그들은 이 지역에 사는 여러 민족들 가운데 하나일 뿐이다. 현재 호화호특은 내몽고 자치구의 정치·경제·교통의 중심지로 몽골족을 포함해 한족·회족·만주족 등 여러 민족이 살고 있다.

마지막으로 드는 염려 한 가지, 내가 양명이 전했던 것만큼 내몽고에 대한 감상을 독자들에게 잘 전달할 수 있을까 하는 것이다. 나는 이 염려는 일단 멀찌감치 밀어두고, 대신 무한한 자신감을 끌어오기로 했다. 그리고 다음과 같은 첫 소절로 이 답사기를 시작해 본다.

왼쪽부터 필자, 조사단장 김영신, 학예연구관 오영근

이자해, 세상에 나오다

2007년 국가보훈처는 제62주년 광복절을 맞아 내몽고 지역에서 독립운동을 벌인 이자해를 포함한 290명의 순국선열과 애국지사에게 건국훈장·건국포장을 수여했다. 이때 이자해는 건국훈장 독립장을 추서받았는데, 이는 내몽고 지역 항일독립운동가에게 추서된 가장 높은 등급의 훈장이었다는 점에서 그 의의가 더욱 크다. 이를 계기로 '반짝' 하고 사라졌던 내몽고 지역에 대한 관심이 다시금 살아났고, 그렇게 살아난 관심의 대표적인 예가 바로 이 답사기다.

이자해(李慈海, 본명 이동필, 1894~1967)는 김필순, 이태준 등과 함께 의사의 신분으로 독립운동에 헌신했던 대표적 인물이다. 그는 '의사(醫師)'이자, '의사(義士)'였

『이자해 자전』 원본 표지 및 속지

던 것이다. 하얀 가운을 입은 독립운동가, 그는 과연 누구인가? 오랜 시간 무관심의 관에 갇혀 있던 이자해를 세상으로 나오게 한 것은 다름 아닌 한 권의 낡은 책이었다. 바로 『이자해 자전(自傳)』이다.

단국대 한시준 교수는 2002년 내몽고를 답사했다. 그는 이때 이자해의 아들 이우송(李宇松) 씨를 통해 이자해의 육필 원고가 존재한다는 사실을 알게 됐고, 이후 이자해가 내몽고 지역에서 독립운동을 전개했다는 사실을 밝혀냈다. 그리고 2005년 8월, 이우송 씨가 국가보훈처에 그것을 기증하면서 『이자해 자전』은 세상에 본격적으로 알려지게 됐다. 중국어로 쓰인 이 자서전은 국가보훈처에 의해 한글로 번역돼 발간됐다.

『이자해 자전』에는 이자해가 3 · 1운동 직후 압록강을 건너 중국으로 가는 이야기부터 시작해 문화대혁명 직전인 1960년까지의 이야기가 시간 순서대로 나열돼 있다. 『이자해 자전』이 더욱 의미 있는 이유는 이자해라는 한 인물의 삶뿐만 아니라, 그를 통해 우리 역사의 숨겨진 이야기들을 엿볼 수 있게 한다는 데 있다. 즉, 『이자해 자전』은 그간 독립운동 연구의 빈 공간이었던 북경 이북의 독립운동사를 이해하는 데 도움을 준다. 그 속에는 서간도의 대한독립단 조직 및 변천 과정, 안창호(安昌浩) 선생이 이상촌으로 지목했던 지역인 해전(海甸)의 실상, 김구(金九) 선생과 연계해 독립운동을 펼쳤던 사실 등이 기록돼 있기 때문이다. 다만 한 가지 아쉬운 점은 이 책이 1919년부터 기록됐기 때문에 이자해의 출생이나 가계 및 성장 과정 등 이전 상황에 대해서는 알 수가 없다는 것이다.

옛 압록강 철교 모습(1920년대)

현재 압록강 철교 모습

지금까지 알려진 바에 따르면, 이자해는 1894년 평안북도 자성군 중강진에서 태어났다. 우리는 1894년에서 타임머신을 타고 시간을 훌쩍 뛰어넘어 1919년으로 가야 한다. 『이자해 자전』을 통해 1919년 3·1운동 이후 그에게 무슨 일이 있었는지, 또 우리 역사에는 무슨 일이 있었는지 그 길을 따라가 보자.

『이자해 자전』을 통해 보는 그의 삶

이자해는 중강진의 공립 병원에서 일을 하던 중 3·1운동 소식을 듣게 된다. 그는 의병장 연기호(延奇昊)의 손자인 연병래(延秉來)와 연계해 중강진 교회에서 모임을 갖고 만세운동을 결의했다. 만세운동 과정에서 33명이 체포됐는데, 이때 이자해는 천만다행으로 일본 헌병의 마수에서 벗어날 수 있었다. 이후 그는 항일조직을 결성하는 일을 추진했으나, 이러한 움직임을 눈치 챈 일본 경찰에 의해 국내에서는 더 이상 활동하기 어려운 상황에 놓이게 됐다. 그는 중국으로의 망명길을 선택한다. 이자해는 그렇게 '항일구국'을 가슴에 품고, 다시는 돌아올 수 없는 긴 강을 건넜다.

며칠간의 긴 노정을 거쳐 우리는 안전하게 유하현 삼원포에 있는 대한독립단 중앙기관에 도착하였다. 옆에는 오씨 성을 가진 재무원과 이씨 성을 가진 담임서기관 이외에 2~3인이 출입하고 있었다. 외부에서 볼 때 내부가 아주 조용한 것 같았다. 당일 오후 오 재무가 일부러 우리를 찾아와 말을 건넸다. 그는 "조맹선 단장과 중요한 직원들은 얼마 전에 모두 군사훈련에 관한 일 때문에 노령에 갔습니다. 이제 곧 7~8일 후에 돌아온다는 편지를 보냈으니 여러분들은 모두 안심하고 기다리십시오"라고 말했다.

압록강을 건너 마침내 중국 땅 임강현에 도착한 이자해는 서간도 지역에 한족회와 대한독립단이 조직돼 활발한 활동을 전개하고 있다는 사실을 알게 됐다. 그는 망설임 없이 대한독립단에 가입했다. 『이자해 자전』에서 그는 대한독립단 단장 조맹선(趙盟善)의 첫인상을 이렇게 말하고 있다.

보통 키에 용모도 아주 엄숙하고 단정한 조맹선 단장은 그야말로 전형적인 조선 의병대장이라 말할 수 있는 분이었다. 그의 인상을 바라보는 나의 머릿속에는 그가 아주 봉건적이고 완고하며 머리도 자르지 않고 수염도 길게 드리운 것이 마치 작고한 광무황제와 비슷한 모습이라는 생각이 들었다. 아마 진보적이지 않고 새것과 낡은 것에 대한 조절이 어려운 고리타분한 원로 선생이겠지 하는 생각이 지배적이었다.

이자해는 대한독립단 본부에서 자신의 강점을 살려 의무부장으로 활동했다. 그는 이곳에서 새로 들어온 청년들의 신체검사를 실시하고, 환자들의 병을 치료해주는 일 등을 했다. 여기서 주목할 만한 것은 당시 이자해의 의료 활동이 대한독립단 내에서만 이루어진 것이 아니라, 인근에 거주하는 중국인들에게도 이루어졌다는 점이다. 그는 치료가 필요한 주변 지역 중국인들에게 왕진을 나가 병을 치료해주기도 했다. 이러한 활동들이 하나 둘 쌓이면서 서간도 일대에서 이자해는 실력 있는 의사로 유명세를 얻기 시작했다.

하지만 이 생활은 그리 오래 이어지지 못했다. 1920년 일제가 간도를 침략함에 따라 서간도에서의 모든 활동이 불안정해졌기 때문이다. 그는 서간도에서는 더 이상 안정된 정치활동과 생활을 유지할 수 없다고 판단하고 거취 문제를 고민했다. 그리고 마침내 대한민국임시정부의 평안북도 책임자였던 김삼녀(金三女)의 권유로 북경으로 가기로 결정했다. 한 개인의 이주 경로를 통해 전체상을 재단하는 것은 무리겠지만, 『이자해 자전』에 나타난 심양(沈陽)에서 북경으로의 이동, 그리고 이어진 북경에서의 삶은 고단한 '망국노'의 설움을 보여주기에 부족함이 없다.

북경행을 결심한 이자해는 부친을 먼저 북경으로 보내고, 자신은 남아 서간도에서의 생활을 정리했다. 신변 정리를 마친 그는 서둘러 심양역으로 향했다. 여관 주인의 도움으로 북경행 표는 쉽게 구입할 수 있었으나, 북경까지 700km에 달하는 여정은 그리 녹록치 않았다. 장장 15시간을 달려 마침내 북경 풍대(豊臺)역에 도착했고, 마차로 근교인 해전(海甸)으로 가 여장을 풀었다. 이렇게 이자해의 파란만장한 북경 생활이 시작됐다. 그의 말처럼 "망국노의 삶의 환경이니 참아야"만 하는 고된 시간이 시작된 것이다.

이자해가 북경에 도착했을 당시 큰 병원으로는 소설 『아리랑』의 주인공 김산이 다녔던 '협화의원(協和醫院)', 일본인이 관리하

던 '동인의원(同仁醫院)', 중국 관공서에서 관리하던 '중앙병원'
등이 있었다.

협화의원(현재는 청화대학 외과대학원 건물로 사용되고 있다)

그는 북경에서 병원을 개설해 운영하기로 결심한다. "기본적
인 생활을 유지하기 위해서라도 빨리 병원을 설립"해야만 했다.
그는 의료 허가증을 받기 위해 담당 관청인 보군통영위문(步軍統領
衛門)을 찾았다. 하지만 담당자들은 조선인 의사에게 호의적이지
않았다. "서류들을 아예 보지도 않고, 지금 이런 일을 처리할 시
간이 없으니 며칠 지난 후 다시 보자며 쌀쌀한 태도"로 대했다.
그는 '망국노'의 설움을 뼈아프게 체험하며, 현실의 벽 앞에 크

게 좌절할 수밖에 없었다. 그러나 하늘은 이자해의 편이었다. 우연히 그 곁을 지나가던 보군통영위문 담당 과장이 이자해와 이들이 나누는 이야기를 듣고 이자해를 자신의 사무실로 부른 것이다. 담당 과장은 "좀 전에 당신이 조선인이라는 말을 들었는데, 아주 기쁘다. 이전에 일본 동경에서 공부할 때 내가 몇 명의 훌륭한 조선인 동창과 사귀였던 적이 있다"며 호의적인 태도를 보였다. 이자해가 그와 이야기를 마치고 사무실에서 나오자 담당자들의 태도는 "180도 돌변했으며, 의료 허가증도 완벽하게 해결"됐다. 우여곡절 끝에 의료사업 허가증을 발급받은 이자해는 '아신의원(亞新醫院)'을 개설해 이주 한인과 주변 중국인들에게 필요한 병원 진료를 시작했다.

이자해는 북경에서 의사(醫師)의 삶을 시작하면서 의사(義士)의 삶도 다시 이어갔다. 의료사업을 시작함과 동시에 도산 안창호가 독립운동기지 건설 운동의 일환으로 조성해 놓은 해전농장 경영에도 관여했던 것이다. 안창호가 이상촌으로 선정한 해전은 지금의 북경 천안문에서 서북쪽으로 약 25km 거리에 위치하고 있다. 안창호는 1920년대 초반 해전에서 토지를 구입해 농장을 꾸렸다. 이자해가 북경 해전에 도착했을 당시 이곳 농장의 규모는 꽤 컸다고 한다.

한편 이 시기 이자해는 인간관계 면에서 큰 어려움을 겪는다. 안창호의 소개로 알게 된 김우경(金又卿)과 갈등이 빈번하게 발생했기 때문이다. 김우경은 자신만 생각하고 이익을 추구하는 부류의 인간으로 "많은 사람들은 모두 그를 양심이 없고 수단이 악독한 나쁜 인간이라고 욕하였다." 이자해는 그와의 분열로 막

대한 금전적 피해를 입게 된다.

인간관계 문제로 심적으로, 또 물질적으로 크게 상처를 받은 그였지만, 이자해는 여전히 따뜻한 인간애를 보여준다. 그는 주변의 어려운 사람들을 그냥 지나치지 못했는데, 그 일화 하나를 소개하면 다음과 같다.

어느 날 나는 우리 집 맞은편 큰 정원 벽에 맥없이 서 있는 10여 살가량으로 보이는 남자아이를 보았다. 그 아이의 옆에는 키가 크고 안색이 썩 좋지 않아 보이는 중년 남자가 서 있었다. 그들에게 다가가 무슨 사정이 있느냐고 물었다. 그는 아주 힘없는 목소리로 "산동에서 북경으로 친구를 찾아가는 도중 아내가 불행히 병으로 죽었으며……설상가상으로 아이마저 또 이렇게 병이 생겼으니 이를 어쩌면 좋습니까? 지금까지 돈이 없어 아무것도 먹지 못하고 있는 상황이라 감히 병 치료는 상상도 못하고 있습니다"라며 전후 사정을 이야기했다. 그의 말이 끝나자 나는 "제가 의사이니 너무 걱정하지 마시고 우선 진찰을 해야 하니 빨리 당신의 아들을 데리고 내 방에 들어오세요"라고 말했다. 진단 결과 아이의 병은 구충병이었다.……우선 이 약을 3일간 먹이고 다시 나를 찾아오라고 하였다. 그리고 빨리 나가 당장 허기진 배부터 달래라며 그의 손에 30전을 쥐어주었다. 그는 몇 번이고 감사하다는 인사를 하면서 나갔다.

이 무렵 이자해는 풍옥상(馮玉祥) 부대의 부상병들을 치료하던 남원(南苑)병원 ×선 총책임자 황해천(黃海天)으로부터 한 가지 제안을 받게 된다. 황해천은 일전에 이자해와 함께 일한 바 있던 인물로 이자해가 북경에 있다는 말을 듣고 수차례 사람을 파견해 함께 남원병원에서 근무할 것을 제의했다. 열정적인 그의 설득 끝에 이자해는 북경 제2병원에서 의술 및 위생관리 책임자로 활약하게 된다.

1920년대 중국은 군벌의 시대였다. 풍옥상 부대는 군벌이었던 염석산(閻錫山) 부대에 밀려 북경을 버리고 내몽고 방면으로 이동했다. 이때 이자해도 이들과 함께 움직였다. 이후 그는 건강 등의 이유로 사직서를 내고, 산서성 대동(大同)에서 주로 일반 환자를 진료하는 '유신병원(維新病院)'을 개업했다. 바로 여기서 이자해는 '만주사변' 소식을 접하게 된다. 그는 곧바로 대동에서 발간되던 신문에 항일구국에 관한 글을 게재했다. 그리고 이때부터 임시정부의 백범 김구와 연계해 활동하기 시작한다.

1937년 7월 7일, 중일전쟁의 시발인 노구교사건(盧構橋事件)이

유신의원을 운영할 때 이자해 모습(앞줄 가운데)

일어나 중국 전역이 전쟁터로 바뀌었다. 이자해는 이 당시에도 대동에서 의료 활동을 하고 있었다. 그러던 어느 날 두 명의 군관이 김구의 편지를 가지고 그를 찾아왔다. 편지에는 "방문하는 장심길(張心洁)과 임조동(林兆同) 두 동지는 평소 아주 적극적으로 우리 독립운동을 지지"하고 있으니, "여러 항일 단체와 연락을 취해 여러 방면으로 서로 협동공작을 전개해주길 바란다"고 쓰여 있었다. 이자해는 이들과 함께 향후 사태를 주시하기로 했다.

그러나 그해 가을 일제의 마수는 어느덧 대동까지 뻗쳤고, 이자해는 가족들과 함께 피난길에 오를 수밖에 없었다. 그는 내몽고 지역으로 가기로 결정했다. 이자해는 북경에서 중국인 손옥성과 결혼한 후, 슬하에 딸 이우빙(1926년생)과 아들 이우송(1932년생)을 두고 있었다.

이자해 가족들(맨 오른쪽부터 손자 이위민, 이자해, 어린 손녀들, 아들 이우송, 부인 손옥성, 며느리, 손녀)

이자해는 대동에서 약 11년의 세월을 보냈다. 그에게 대동은 '제2의 고향'이나 다름없었다. 일제에 의해 두 번씩이나 자신의 삶의 터전에서 쫓기듯 떠나야 했던 이자해. 대동을 떠나는 그의 심정은 어떠했을까? 『이자해 자전』에는 정든 터전을 떠나는 아쉬움과 다시 돌아오리라는 기대 섞인 희망이 나타나 있다.

홍릉문을 나설 때 우빙의 어머니는 뜨거운 눈물의 흘리면서 자기의 손으로 직접 꾸민 병원과 아쉬운 이별을 했다. 그러나 영원히 병원과 이별하리라 생각하지 않고 멀지 않은 장래에 반드시 대동으로 돌아올 수 있을 것이라 생각한다.

이자해는 지인의 도움으로 무사히 내몽고의 포두(包頭)에 도착했지만, 이곳 역시 안전지대는 아니었다. 일본군의 공습이 계속되고 있었기 때문이다. 이때 대동에서 만났던 장심길과 임조동이 그를 찾아왔다. 이들은 중국 군대와 함께 행동할 것을 제의했고, 이에 이자해는 가족을 포두에 남겨둔 채 이들과 함께 군대를 따라나섰다.

일본군과의 전투, 극심한 추위와 굶주림 끝에 그가 도착한 곳은 오원현(五原縣)이었다. 이곳은 마점산(馬占山)의 정진군과 새로 편성된 문병악(門炳岳)의 부대인 제5려의 관할 구역이었다. 그는 중국 국민정부 병원에서 일하며 지냈는데, 당시 이곳은 부정부

패가 극에 달해 사회질서가 무척 어지러웠다. 이에 이자해는 한국인들이 활동하고 있던 섬서성(陝西省) 서안 지역으로 가기로 결정하고, 1937년 11월 장심길과 임조동 등 일행 5명과 함께 서안으로 향했다.

그런데 이때 예상치 못한 사건이 발생하게 된다. 임하현(臨河縣)에서 문병악 부대의 보안대에 의해 체포되고만 것이다. 오원현에서 장심길이 저지른 사기사건 때문이었다. 그렇게 오원현으로 압송된 이자해 일행은 군법재판에 회부됐고, 그 결과 다음 날 장심길은 처형되고 나머지 일행은 모두 석방됐다. 하지만 이자해만은 '일본 첩자'라는 누명을 쓰고 오원현 감옥에 투옥되고 만다. 누구보다 항일에 앞장서 온 그가 '일본 첩자'라는 죄명으로 감옥에 갇히고만 것이다. 이 판결의 근거 없음과 부당함은 당시 중국 국민 지방정부가 이자해와 관련해 내린 다음과 같은 결정만 봐도 충분히 알 수 있다.

> 현재와 같은 중일전쟁의 시기에 일반적인 조선인들은 모두 일본의 책략에 말려들 가능성이 있다. 지금까지 비록 이자해에게 나타난 뚜렷한 죄증은 없지만, 그가 가정을 포두에 남겨두고 혼자 하투로 왔다는 것은 일정한 혐의가 있기 때문이라는 판단이 되므로 중일전쟁이 끝날 때까지 절대 석방할 수 없다.

오원현 감옥에 수감된 이자해는 오원현의 작은 일간지에 3·1절 감상문을 투고했다. 그로부터 얼마 후 한 기자가 이자해를 찾아왔다.

당시 오원현에는 작은 일간지 신문이 있었다. 하여 나는 조선독립운동 3·1절 기념일에 맞춰 3·1절 감상문을 투고했다. 그 후 당일 신문에 발표된 나의 감상문을 본 어느 한 기자가 일부러 나를 찾아 감옥에 왔다. 그는 매우 동정하는 태도로 나의 지난 이야기를 청취했으며, 마지막에 돌아갈 때 그는 취재에 협조해주어 감사하다며 뜨겁게 나의 손을 잡고 악수를 했다.

이자해를 취재한 기자는 다음날 신문에 "이자해는 조선을 사랑하고, 중국을 사랑하는 애국자다. 때문에 오늘 우리는 유관 당국에 정식으로 이자해의 석방을 강력히 청구한다"는 글을 게재했고, 이것을 시작으로 이자해 석방운동이 일어났다. 임조동과 이자해의 제자 조금문(趙錦文) 등이 문병악 군장을 찾아가 석방을 강력히 요구했고, 이들의 도움으로 1938년 4월 이자해는 수감 5개월 만에 풀려날 수 있었다.

석방된 이자해는 문병악의 제5려 사령부 군의 주임으로 임명돼 활동했다. 그는 내몽고 지역의 군대가 체제를 갖춰 가자 중국 국민당에 입당했는데, 이 같은 선택에는 한국독립운동을 보다 원활히 펼쳐가기 위한 의도가 숨어 있었던 것으로 보인다. 내몽고 각지를 돌아다니며 군의로 활동하던 이자해는 섬파(陝垻)에서 제35군 야전병원장에 임명되면서 상교(대령에 해당)로 진급했다. 이렇게 비교적 안정된 생활을 하게 된 그는 섬파로 가족들을 데려왔다. 이자해는 섬파진 동마로(東馬路) 두도가(頭道街) 61호에 단층 흙벽돌집을 짓고 이곳을 새 거처로 삼았다.

이 당시 이자해는 임시정부의 한국광복군과도 깊이 연계돼 있었다. 그는 1941년 임시정부 광복군사령부 국무처장으로 임명돼 여러 가지 활동을 전개했다. 병력 모집 활동을 나온 광복군 대원들에게 몰래 숙식을 제공하기도 했으며, 1944년 임시정부의 공작 지령에 따라 내몽고에 '대한민국 임시정부 광복군 주수원성초모처(駐綏遠省招募處)'라는 간판을 내걸고 임무를 수행하기도 했다. 내몽고 지역은 광복군 징모 제2분처였으며, 나태섭(羅泰燮)과 지달수[池達洙, 한국광복군 총사령 지청천(池靑天) 장군의 아들] 등이 활동했다.

이자해는 1945년 7월경 김구가 보낸 이충모(李忠模)와 함께 조선인 탈출 학병의 처리문제를 놓고 고민하던 중 해방을 맞이했다. 해방 후 그는 내몽고 한인들의 귀환사업을 추진했는데, 정작 그 자신은 조국 땅으로 귀환하지 않고 내몽고에 남게 된다. 이자해는 자신의 자서전에서 귀국하지 않은 이유와 그 결정에 대한 아쉬움을 다음과 같이 밝히고 있다.

> 당시 김구 선생은 인편으로 "나와 함께 조국으로 돌아가 조국 건설을 위해 노력하자"라는 내용의 짤막한 친필 서신을 나에게 보내왔다.……지금 생각하면 마땅히 적극적으로 행동하여 그와 함께 조국으로 돌아가야 했다. 그러나 혁명에 대한 나의 인식이 부족하고, 또한 가정에 대한 고정관념이 너무 깊어 김구 선생과 함께 귀국하는 결단을 내리지 못했던 것이 너무 아쉽다. 사실 이것은 혁명운동가의 자세가 아니며 변명의 여지가 없는 나의 중대한 착오이다.
>
> 당시 내가 조선으로 돌아가지 못한 이유가 있었다. 중국에서 이미 30여 년간 살면서 성가입업(成家立業)했고, 게다가 대동의 부동산도 아직 돌려받지 못해 가정생활을 제대로 안정시키지 못했기 때문이었다. 이런 모든 일들을

이자해의 행적이 세간에 뒤늦게 알려지게 된 것은 그가 해방
후 귀국하지 않고 내몽고에 정착한 것과 무관하지 않다. 오늘날
이자해는 내몽고에 없지만, 내몽고 호화호특시에는 여전히 그의
자손들이 살고 있다.

이자해가 후손들의 세상으로 나오는 데 큰 역할을 한 한시준
교수는 "상하이에 신규식(申圭植)이 있었다면, 내몽고에는 이자해
가 있어서 항일운동가들이 그곳으로 몰렸다"고 했다. 이자해는
내몽고 지역 항일운동의 핵심 인물이었다.

그가 활약한 내몽고 지역은 봄의 불청객 황사의 발원지이기도
하다. 우리는 일 년에 단 며칠뿐인 그 시간도 참기 어려워 마스
크로 무장을 하고 어서 빨리 황사가 끝나기만을 바란다. 그러나
이자해에게는 거친 모래바람을 막아줄 마스크도, 일제 치하의
어둠의 시간이 언제쯤 끝날 거라는 기약도 없었다. 그는 그저 묵
묵히 내몽고의 모래바람 속에서 자신이 선택한 두 의사의 길을
걷고 또 걸었다. 더없이 황량했던 그 시기, 그곳에서 그를 끊임
없이 걷게 했던 힘은 과연 무엇이었을까? 그것은 뿌옇게 이는
모래바람 끝에 보이는 작지만 선명한 빛, 바로 일제의 먹구름이
갠 화창한 조국의 미래가 아니었을까?

그의 흔적과 마주하다

– 오원 중국 국민정부 병원 터/ 오원 감옥/ 섬파 거주지 터/ 호화호특 기독교 묘원

2007년 10월 9일, 내몽고의 날씨는 영상 6도로 꽤 쌀쌀했다. 날씨 탓이었을까? 호화호특 시내를 둘러보는 내내 가슴 한 구석이 시리고 먹먹했다. 사실 호화호특은 이전에 몇 번 와본 곳이었는데, 그때와는 느낌이 사뭇 달랐다. 외관상으로는 크게 달라진 것이 없었음에도 거리 곳곳이 새롭게 느껴진 것은 우리 역사가 잃어버린 '이자해'란 이름 세 글자를 가슴에 품고 걸었기 때문이리라. 너무 늦은 후손들의 방문을 그는 어떻게 생각할까? 걱정 반, 기대 반의 심정으로 우리는 호화호특 시내에 살고 있는 이자해의 아들 이우송의 집을 찾았다.

호화호특 시내 전경. 유목민의 거주지인 게르를 모형으로 만들어 놓았다.

우리가 방문했을 당시 그는 청각을 거의 잃어버린 상태였다. 부인의 도움 없이는 대화를 이어나가기 어려울 정도였다. 그 모습에 가슴이 더욱 먹먹해졌다. '우리가 조금만 더 일찍 찾아왔더라면…….' 이우송은 아버지 이자해와 찍은 낡은 사진들(후에 독립기념관에 기증)을 보여주며 그와 관련된 옛 이야기들을 풀어놓기 시작했다. 특히 오원과 섭파에서 활동했던 이야기를 생생히 들려줬다. 이자해는 주로 지금의 내몽고 서남부 일대에서 활동했는데, 우리는 그중에서도 오원, 섭파, 호화호특 지역을 중심으로 그의 흔적을 찾아 나서기로 했다.

2007년 10월 10일, 우리의 아침은 '기대', '설렘', '걱정' 등의

염호 선생께서 이자해의 손자 이위민이 한국 대통령에게 훈장증을 받을 때 찍은 사진을 들고 있다.
오른쪽부터 손자 이위민, 아들 이우송, 며느리, 염호 선생.
작은 사진은 이우송 부부의 젊을 때 모습

감정으로 분주했다. 여기 저기 떠다니는 감정들과 이곳저곳에 흩어져 있던 짐들을 챙겨 7시경 호화호특 숙소를 나섰다. 우리 일행은 차를 타고 포두(包頭, 바오터우)를 지나 360km를 쉼 없이 달려 마침내 오원에 도착했다. 그가 일본군의 공습을 피해 11년여의 세월을 보낸 대동을 떠나 포두를 거쳐 마침내 이곳에 도착했던 것처럼. 이자해는 오원에 있던 중국 국민정부 병원에서 일을 하다 한인들이 활동하고 있던 섬서성 서안 지역으로 가던 중 일본 첩자라는 누명을 쓰고 오원 감옥에 투옥되고 말았다.

오원에 도착한 후 차에서 내려 그 거리에 그대로 멈춰서 주위를 둘러봤다. 이 땅, 이 거리 어딘가에 그가 서 있었다고 생각하니 그 순간 그 거리가 잿빛으로 변했다. 몇 발자국만 더 걸어가면 하얀 가운 속에 하얀 태극기를 품고 분주히 걸어가는 그를 만날 수 있을 것만 같았다. "어서 가야죠?" 오영근 학예연구관이 우두커니 한참을 서 있는 나의 어깨에 손을 올리며 말했다. 그 짧은 한 마디에 잿빛 거리는 순식간에 사라지고, 2007년 중국의 현대식 거리가 눈앞에 펼쳐졌다.

얼마를 더 걷자, 중국 국민정부 병원 터가 모습을 드러냈다. 우리 눈앞에는 이곳이 병원이었음을 추측하게 하는 어떠한 단서도 발견할 수 없는 4층짜리 대형 상가가 서 있었다.

나는 그 건물을 잿빛으로 물들이고, 중국 국민정부 병원을 복원해 낸다. 그리고 그 속에서 분주히 움직이는 이자해를 발견해 낸다. 그런데 창문 틈으로 분주히 움직이던 그가 갑자기 걸음을 멈추고 나를 바라본다. 그 순간 잿빛 병원이 물처럼 흘러내리고, 신축 건물이 다시 모습을 드러냈다.

상가로 변해버린 중국 국민정부 병원 터

1980년대에 신축한 이 건물에는 소규모 가게들이 빼곡히 들어차 있었다. 하지만 이곳에서 가게를 운영하는 상인들도, 이곳을 찾는 사람들도 이곳이 중국 국민정부 병원이었다는 것을 알지 못했다. 이것은 곧 그 안에서 근무했던 이자해의 흔적이 사라짐을 의미하는 것이기에 더욱 안타까웠다.

10월의 내몽고 하늘은 유난히 푸르렀다. 건물들이 자리싸움을 하듯 빼곡히 들어선 서울과 달리 탁 트인 거리와 끝없이 펼쳐진 푸른 하늘은 '가슴이 탁 트인다'는 기분이 어떤 것인지 제대로 느끼게 했다. 그런데 자유로움이 물씬 풍기는 이곳에서 이자해는 오히려 자유를 상실했다. 마른하늘에 날벼락이 친 것처럼 그렇게 그는 오원 감옥에 갇히고 말았다. 그것도 '일본 첩자'라는 누명을 쓰고 말이다. 당시 이자해의 심정은 어떠했을까? 우리는 그의 자유를 빼앗고 독립운동가인 그에게 일본 첩자라는 치욕을 씌운 그곳으로 발길을 돌렸다.

오원 감옥은 옛 중국 국민정부 병원 건물에서 약 400m 정도 남쪽에 위치해 있었다. 기분 탓이었을까? 두 팔을 벌린 듯 길게 늘어서 있는 오원 감옥의 모습이 마치 우리가 그에게 가지 못하게 막고 있는 것처럼 보였다. 가까이 다가가 안으로 들어가려 했지만, 문도 닫혀 있고 관리인도 보이지 않았다. 굳게 닫힌 오원 감옥은 지금도 그를 가두고 있는 듯했다. 지나가는 주민에게 들으니, 감옥 옆에 오원 경찰서도 함께 있었다고 한다. 이곳에서 이자해는 어떤 일들을 겪었던 것일까? 생각만 해도 가슴이 저려온다. 왠지 그를 두고 가는 것만 같아 돌아오는 내내 발걸음이 무거웠다.

오원 감옥 전경. 현재는 감옥으로 쓰이지 않는다.

　우리가 다음으로 찾아간 곳은 이자해가 머물렀던 섬파다. 섬파에 들어서자 '고진섬파(古鎭陝垻)'라는 글자가 새겨진 거대한 조형물이 제일 먼저 눈에 들어왔다. 지도에 따르면, 이 조형물을 끼고 장군로(將軍路)를 지나 새성서가(塞城西家) 사거리에서 우측으로 돌아서면 이자해가 살았던 동마로 두도가 61호가 나온다. 그의 거주지와 마주한다는 생각에 들뜬 것도 잠시, 눈앞에 펼쳐진 동마로 두도가 61호의 모습은 우리 답사단을 당황하게 만들었다. 우리 눈앞에는 이자해의 흙벽돌집이 아닌 주상복합형 건물이 서 있었기 때문이다. 사적지는 게으른 지각생 후손들을 기다려주지 않는다는 것을 중국 국민정부 병원 터에 이어 절실히 깨

섬파마을 입구 조형물(랜드마크)

닿게 된 순간이었다. 사적지에 대한 관심과 발 빠른 연구의 필요성을 가슴 깊이 새기며, 쓸쓸히 발길을 돌려야 했다.

해방 후 이자해는 조국으로 돌아오지 않았다. 이후 그는 어떻게 살았을까? 이자해는 우선 교포들을 귀국시키는 문제를 해결하는 데 힘썼다. 그리고 이 문제가 어느 정도 정리되자, 사돈인 노(盧) 주석의 추천으로 철도병원을 다녔다. 사실 이 당시 그는 부작의(傅作義) 사령장관으로부터 제25군 야전병원 원장직을 제안받았다. 이자해는 일전에 어깨를 다친 부작의를 완치시켜줘 그로부터 신임을 받고 있었다. 하지만 그는 부작의의 제의를 정중히 거절한다. 그 이유는 "부대에서 8년간 복무한 것은 전적으로 항일

봉고차 오른쪽이 이자해 거주지(추정)

공작을 위한 것이었고, 일본이 패망하면서 나의 염원이 실현됐기 때문에 다시 군대에 가서 복무하고 싶지 않다"는 것이었다.

두 의사의 길을 걸었던 이자해는 해방 후 의사(醫師)로서의 삶을 살았다. 여러 가지 우여곡절 속에서도 그는 1958년 65세의 나이로 퇴직하기 전까지 하얀 가운을 벗지 않았다. 퇴직한 후에는 북경으로 이주해 딸과 함께 지냈다. 그리고 1967년, 그는 호화호특에서 조용히 숨을 거뒀다. 북경으로 이주했던 이자해가 어떻게 호화호특에서 숨을 거두게 됐는지 정확한 경위는 알 수 없다. 이자해의 묘는 1985년 부인 손옥성이 사망한 뒤 합장해 현재 내몽고 호화호특 기독교 묘원에 안장돼 있다.

우리가 이자해의 묘소를 찾았을 당시, 묘소의 모습은 그 주인이 걸었던 빛나는 삶과 달리 초라하기 그지없었다. 후손으로서 얼굴이 화끈거릴 지경이었다. 부끄럽고 죄송한 마음에 계속 고개가 숙여졌다. 호화호특 시내에서 서쪽으로 약 8km 정도 떨어진 거리에 위치한 기독교 묘원 안 수많은 묘소들 가운데 가장 초라한 묘소, 그곳에 우리의 독립운동가 이자해가 잠들어 있었다.

제대로 된 무덤의 형태도 갖추고 있지 못했다. 수박만한 돌들을 쌓아 겨우 봉분해 놓은 상태였다. 이것이 정녕 한국 독립유공자의 묘소란 말인가? 조국의 해방을 위해 살았고, 조국이 해방된 후에도 줄곧 조국을 그리워하며 살다가 생을 마감했던 이자해에게 우리는 정녕 이렇게밖에 할 수 없었던 것일까? 인류의 평화와 조국의 빛나는 미래를 위해 일제에 맞섰지만, 중국국민당과 친했다는 이유로 중국에서도 훈장 추서를 받지 못했고, 남북한 역사에서도 잊혀졌던 비운의 독립운동가 이자해. 오랜 시

초라한 모습의 이자해 묘소

간 묵묵히 이곳에서 못난 후손들을 기다려준 그에게 미리 준비해간 술 한 잔을 부으며 용서를 구했다. 그에 대한 답이라도 하듯 묘소 뒤로 긴 해그림자가 드리워졌다.

"조국의 독립과 통일은 잠시 잊고, 편히 잠드소서."

그 뒤 2008년 5월경, 독립기념관 앞으로 한 통의 편지가 도착했다. 이자해의 묘소를 새롭게 단장하고 싶다는 내용을 담은 염호 선생님의 편지였다. 이에 독립기념관은 이자해의 묘소 단장에 필요한 비용을 지원했고, 그로부터 5개월 뒤 이자해의 묘소는 비로소 그에게 맞는 모습을 갖출 수 있었다. 먼저 수박만한 돌들로 만들어졌던 봉분이 깔끔하게 정리됐다. 비석도 바뀌었으며, 이자해의 공덕과 독립기념관이 기증했음을 알리는 내용이 기재된 공덕비가 새로 세워졌다.

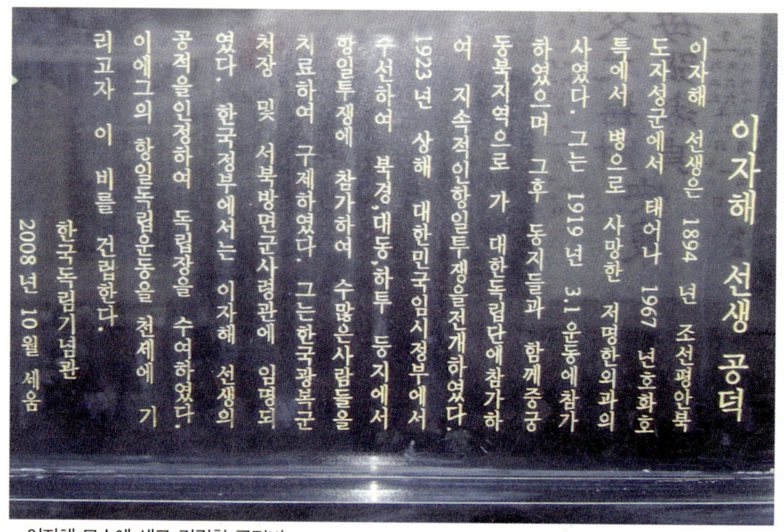

이자해 묘소에 새로 건립한 공덕비

조국을 살리는 의사(義士)이자, 사람을 살리는 의사(醫師)였던 이자해. 그는 내몽고의 넓은 땅에서 한국광복군 초모 활동을 전개하며 조국 독립운동에 헌신했을 뿐만 아니라, 약한 자들을 위해 의술을 펼치며 어둠의 시기에 빛나는 인간애를 보여준 휴머니스트였다. 내몽고 독립운동의 상징이자 내몽고의 슈바이처 이자해는 여전히 중국 땅에 머물며 후손들에게 한중우의를 몸소 보여주고 있다. 조국을 위한 그의 활동은 이렇게 지금도 현재 진행 중이다.

독립기념관의 지원으로 새롭게 단장된 이자해 묘소

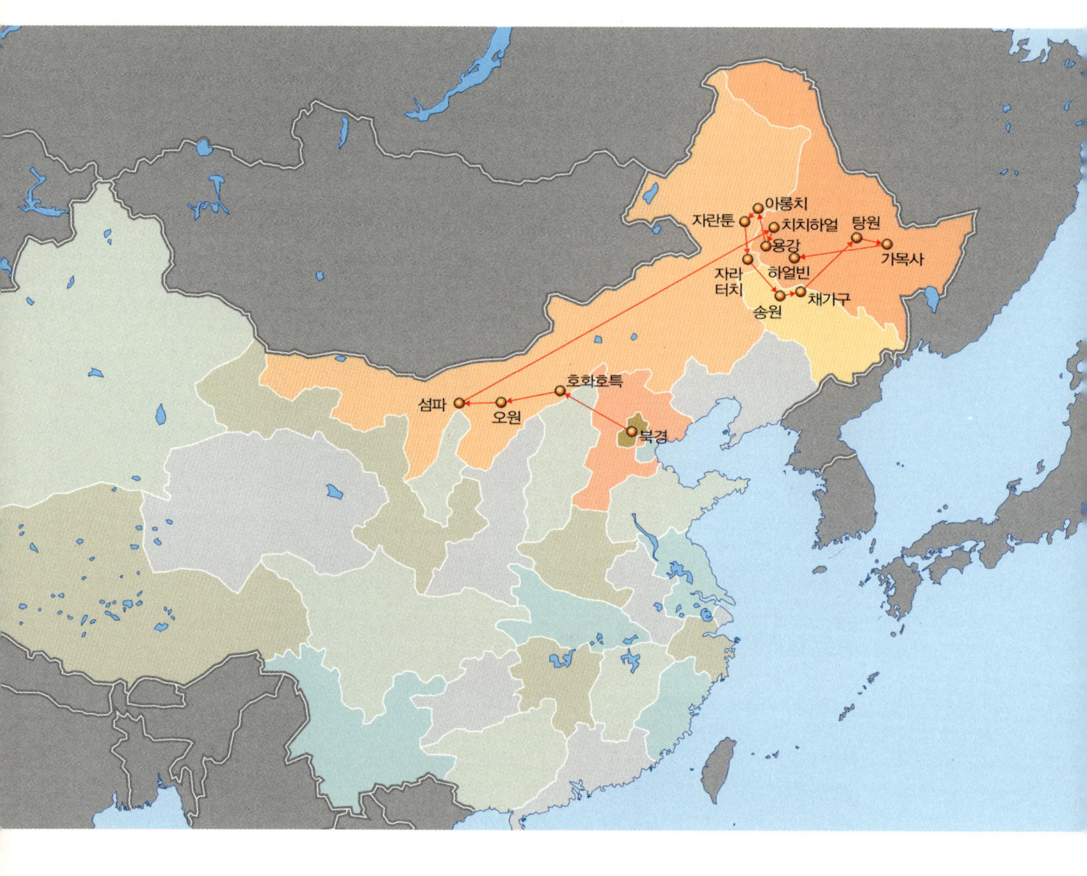

아롱치
자란툰
치치하얼
탕원
용강
가목사
자라
터치
하얼빈
채가구
송원
호화호특
섬파
오원
북경

2. 하얀 가운을 입은 독립운동가 Ⅱ

- 김필순

〈답사 일 : 2007년 10월 11~12일〉

관제묘 내 거주지/ 영안대가 근무지 및 병원 터/ 용강현 김필순 농장

김필순의 흔적을 찾아 출발

2007년 8월 15일 광복절 기념으로 모 방송국에서 의사 김필순(金弼淳, 1880~1919)의 독립운동에 대한 조명을 했다. 당시 방송에서는 김필순의 거주지만 확인했을 뿐 그가 본격적으로 추진했던 독립운동기지는 끝내 찾아내지 못했다. 이자해로부터 시작된 나의 이번 답사에는 이들이 찾아내지 못한 김필순의 독립운동기지를 찾아내는 일이 포함돼 있었다.

나의 김필순 찾기는 치치하얼에서부터 시작됐다. 그 이유는 현재는 흑룡강성의 대표 도시가 하얼빈이지만, 1910년대 김필순이 활동하던 시기만 해도 치치하얼이 당시 흑룡강성의 성도(省都)였기 때문이다. 지금도 치치하얼에는 그 옛날의 찬란했던 흔적들이 곳곳에 남아 있다. 흑룡강성의 최고 지도자가 집무를 봤던 건물도 여전히 존재한다.

2007년 10월 11일, 이자해 사적지 답사를 마친 우리 일행은 서둘러 호화호특 비행장으로 향했다. 이미 이자해를 통해 '사적지는 우리를 기다려주지 않는다'는 사실을 눈으로 또 가슴으로 경험했기에 더 이상 지체할 수 없었다. 우리는 또 한 명의 하얀 가운을 입은 독립운동가 김필순을 만나기 위해 발걸음을 재촉했다. 호화호특 비행장을 출발한 지 약 2시간 반 만에 하얼빈 공항에 도착했다. 하얼빈 공항에서 다시 차를 타고 중국 최대 석유도시인 대경(大庆, 다칭)을 지나자 마침내 치치하얼이 그 모습을 드러냈다. 그렇게 우리는 하얼빈 공항을 출발한 지 약 4시간 만에 목적지에 도착했다. 일정을 재촉한 탓에 끼니를 제대로 해결하지 못한 우리 일행은 그때서야 늦은 저녁을 해결하고 작은 여유를 가질 수 있었다. 그날 밤 나는 내일부터 본격적으로 진행될 김필순과의 만남을 기대하며, 그가 그린 꿈의 세계로 빠져 들어갔다. 그 세계 속에서 김필순은 자신의 이야기를 들려주기 시작했다.

중국 영화 황제의 아버지

요즘 한류 열풍이 참 대단하다. 가까운 일본, 중국, 동남아를 넘어 이제는 유럽에까지 한류 바람이 불고 있다. 외국인들이 어설픈 한국말로 자신이 좋아하는 한국 가수의 노래를 따라 부르거나, 좋아하는 배우를 응원하기 위해 삐뚤빼뚤하게 쓴 한국어 푯말을 들고 있는 모습을 볼 때면 '풋' 하고 웃음이 나오면서도 왠지 뿌듯한 기분이 들곤 한다. 이런 한류 열풍에 어깨가 으쓱해지는 건 아마도 그들이 열광하는 대상과 내가 같은 한국인이기 때문일 것이다.

그런데 1930년대 중국에 이미 한류 바람이 불었다는 사실을 알고 있는가? 1935년 1월 1일, 중국에서는 한 편의 영화가 큰 인기를 끌었다. 표도 구하기 어려울 정도로 인기가 대단했던 그 영화의 제목은 〈대로(大路)〉다. 영화의 주인공은 100년이 가까운 세월이 흐른 지금까지도 13억 중국인들에게 '영화 황제'로 기억되고 있다. 그 대단한 주인공의 이름은 '김염(金焰, 본명 김덕린, 1910~1983)'이다. 그렇다. 그는 한국 사람이었다. 우리에게는 다소 생소한 이름이지만, 중국 영화계에서는 근대 영화인 가운데 독보적인 존재로 널리 알려져 있는 전설과도 같은 존재다. 오늘날까지 중국 영화계에서 '황제' 칭호를 부여받은 사람은 김염 한 사람밖에 없다고 한다. 중국 영화계에서 중국인도 아닌 한국 배우가 황제라고 불리다니, 대단하지 않은가? 그는 상하이 영화제작소 부주임, 상하이 인민대표대회 대표, 중국영화작가협회 이사 등으로 활동했을 뿐만 아니라, 조단(趙丹, 자오단), 백양(白楊, 바이양) 등과 함께 중국 국가 1급 배우로 임명돼 모택동(毛澤東, 마오쩌둥) 전 주석을 접견하기도 했다. 김염은 명실공히 중국 대륙을 사로잡았던 원조 한류 스타였던 것이다.

중국에서 영화 황제로 불린 김필순의 아들 김염

그러나 우리 역사가 김염을 기억하는 이유는 그가 단순히 국외에서 이름을 떨친 유명 배우였기 때문만은 아니다. 김염은 중국에서 영화와 연극을 통해 항일의 전면에 나선 인물이었다. 그의 출연작은 거의 대부분 항일과 관련돼 있다. 그는 이들 작품을 통해 중국인들은 물론 조선인들의 가슴에 항일에 대한 의지와 조국에 대한 자긍심을 심어주는 선각자적 역할을 했다. 한 예로 영화 〈대로〉에서 김염은 일본군 앞잡이의 방해 공작 속에서도 항일 투쟁을 위한 도로를 개통해 내고, 이후 적기의 공습에 장렬하게 전사하는 주인공 역을 훌륭히 소화해냈다. 이 영화는 당시 젊은이들의 가슴에 뜨거운 조국애를 불러일으켰다. 실제로 영화를 본 많은 젊은이들이 이 영화의 주제가를 부르며 저마다 김염이 되어 항일 전선으로 달려 나갔다.

일본을 향한 김염의 강한 적개심을 살펴볼 수 있게 하는 자료가 있다. 김산의 『아리랑』에는 다음과 같은 예화가 나온다.

우리들이 등교를 거부하지 않을 수 없는 사건이 일어났다. 김엄이라는 남개대학의 한국 학생 한 명이 가을 체육대회에서 달리기 시합에 출전하였다. 그는 뛰어난 주자였으므로 다른 선수들을 훨씬 앞지르고 선두를 달렸다. 그런데 "저 사람이 저렇게 잘 달리는 것은 조금도 이상할 게 없지. 그는 왜놈의 주구인 걸." 하고 어떤 중국인이 외치는 소리가 들려왔다. 김엄은 경주를 하다 말고 달려가서 이렇게 소리친 중국인을 후려 때렸다.

"왜놈의 주구"라는 말에 크게 분노하며 자신을 그렇게 부른 중국인에게 경주를 하다 말고 달려가 응징한 '김엄'이 바로

'김염'이다.

그리고 이런 김염의 아버지
가 바로 의사(醫師)이자 의사(義士)
였던 독립운동가 '김필순'이
었다. 세브란스의학교(제중원의
학교) 제1회 졸업생으로 의술
로써 독립운동을 전개했던 아
버지와 최고의 영화배우로 영
화로써 항일운동을 전개했던
아들. 참 그 아버지에 그 아들
답지 않은가? 독립운동가의
유전자가 따로 있는 것은 아
닌지 의심스러울 정도로 그의
가족들 가운데는 유독 나라를
위해 애쓴 인물들이 많다. 김
염뿐만 아니라 그 형제들인
김덕홍(金德洪), 김위(金瑋), 김로
(金蘆) 또한 아버지 김필순의
피를 물려받아 독립운동에 참
여했다. 김필순의 형인 김윤
방(金允邦)과 김윤오(金允五), 여
동생인 김구례(金具禮)와 김순
애(金淳愛), 조카딸 김마리아도
모두 독립운동에 열정을 바친

김필순

김염

인물들이다. 특히 김구례는 상하이 임시정부 내무의원을 지낸 서병호(徐炳浩)의 아내이며, 김순애는 상하이 대한민국애국부인회 대표로서 상하이 임시정부 초대 외무총장을 지낸 김규식(金奎植)의 아내다. 또한 김마리아는 여성 독립운동가이자 교육자로서 대한민국애국부인회 회장, 상하이의 대한민국애국부인회 간부를 지냈다.

이렇게 김필순의 집안에서는 우리 역사상 가장 암울했던 시기에 희망을 전해주는 등불과도 같은 인물들이 많이 배출됐다. 그 중심에 하얀 가운을 입고 태극기를 휘날리며 서 있는 김필순이 있다.

김필순 가족

한국 최초의 면허 의사에서 독립운동가가 되기까지

1-005366-000,★ 독립기념관에 소장돼 있는 김필순의 번역서인 해부학 자료 번호다. 영국인 의사이자 광혜원(제중원)을 운영했던 에비슨(한글명 어비신)이 교열을 본 이 책은 연세대학교 의과대학 교재로 활용될 만큼 수준이 높은 번역서였다.

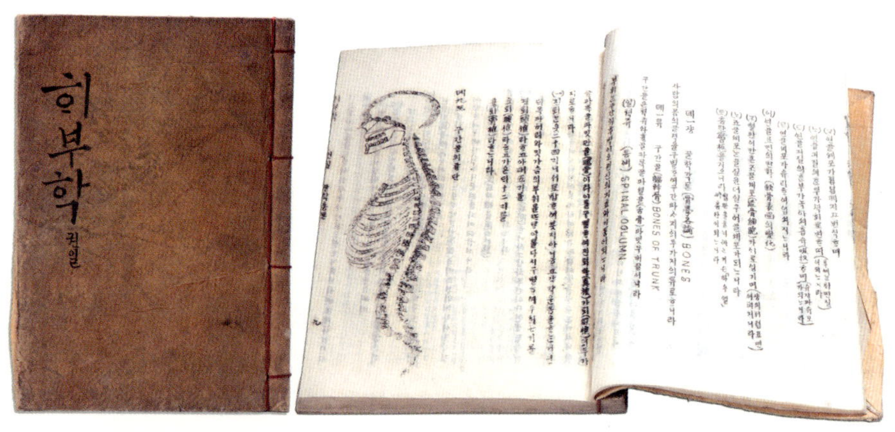

김필순이 번역한 해부학 책

1908년 세브란스의학교(제중원의학교) 제1회 졸업생인 김필순은 한국 최초의 면허 의사 7인(김필순, 김희영, 박서양, 신창희, 주현칙, 홍석우, 홍종은) 중 한 사람으로 그들 가운데서도 뛰어난 학생에 속했다. 에비슨이 장차 세브란스 병원을 맡아 한국 의학계를 이끌어갈 재목으로 눈여겨보았을 정도였다. 실제로 그는 졸업 후 모교는 물론 간호원양성소의 교수로 활동하며 후진 양성에 힘썼을 뿐만 아니라, 서양의 의학 서적들을 번역하는 작업에 매진함으로써 한국 의학 발전에 크게 기여했다.

의사 김필순의 행적은 다음의 두 자료를 통해 확인해 볼 수 있다. 먼저 김필순의 동생 김필례(金弼禮)의 전기 『교육의 길, 신앙의 길-김필례 그 사랑과 실천』에는 다음과 같이 기록돼 있다.

> 1901년 김필례는 오빠 김필순의 지시에 따라 서울로 올라왔다. 필순은 제중원에 있으면서 의학서적을 우리말로 번역하고 환자 진찰 시 통역을 맡았다. 그러다가 자신도 의술을 조금씩 배워 진찰할 수 있게 되었다. 제중원은 차차 사람들에게 알려지게 되고 사람들이 몰리어 환자도 늘어가니…….

다음은 이회영(李會榮)의 부인 이은숙(李恩淑)의 수기 『민족운동가 아내의 수기-서간도시종기(西間島始終記)』에 실린 내용이다. 1913년 그녀는 마적 떼의 습격을 받아 어깨 관통상을 당했는데, 이때 김필순의 도움을 받고 회생하게 된다.

> 날은 차차 밝아지고 도적들은 달아났다. 그 후에야 학교 선생들이 와서 나를 치료하는데 그때서야 비로소 총 맞아 맞구멍이 난 줄을 알고 아연해 하나 산골에서 무슨 약이 있으리요. 우선 급한 대로 응급 치료로 치약을 창구에 넣고 싸맨 후 이곳 학생 박돈서가 통화현에 가서 의사를 데리고 왔다. 의사 김필순 씨는 우리 동지로서 세브란스 병원의 의학 박사로 적십자

병원을 통화현에 와서 내고 때를 기다리며 생활을 하는 분이다. 내왕 240
리나 되는 길을 밤을 도와 21일 오후에야 의사와 함께 군대들도 와서 의사
는 나를 치료하고 군대는 영석장 모시러 산으로 갔다.

세브란스의학교 제1회 졸업생이자, 한국 최초의 면허 의사 7인
중 한 사람으로 실력까지 출중했던 '의사(醫師) 김필순'은 어쩌다
가 '의사(義士) 김필순'의 길을 걷게 된 것일까? 김필순이 학업에
열중하고 있을 당시 국내 상황은 그리 좋지 않았다. 1905년 일
본에 의해 강제로 체결된 을사늑약으로 대한제국의 외교권은 박
탈된 상태였다. 이러한 현실 속에서 고뇌하던 그는 1907년 8월
일제에 의한 대한제국 군대 해산에 반발해 봉기를 일으켰던 군
인들이 무참히 진압되는 과정을 목격하게 되면서 본격적으로 독
립운동에 뛰어들게 된다. 조국의 비참한 현실을 더 이상 외면할
수 없었던 그는 신민회(新民會)의 일원으로 활동하며 독립운동가
들과 관계를 맺기 시작한다. 신민회는 안창호, 양기탁(梁起鐸), 신
채호, 이동휘(李東輝) 등이 1907년 9월에 조직한 비밀 결사 단체
다. 당시 김필순은 자신의 형인 김윤오와 함께 세브란스병원 건
너편에서 '김형제상회'를 운영하고 있었다. 그는 이곳을 신민회
의 비밀 모임 장소로 제공했다.

 김필순은 이렇게 낮에는 청진기를 든 의사로, 밤에는 태극기
를 든 독립운동가로 살아갔다. 그러던 어느 날 '105인 사건(신민
회 사건)'이 일어났다. 1911년 일제가 무단통치의 일환으로 민족
운동을 탄압하기 위해 사건을 확대 조작해 신민회의 주요 인사
를 포함한 독립운동가 700여 명을 구속하고, 그중 105명에게

실형을 언도한 사건이다. 김필순은 자신에게 닥친 위험을 감지
하고, 1911년 12월 중국 망명길에 올랐다.

중국 땅에서도 독립을 향한 김필순의 열정은 식을 줄 몰랐다.
그는 이회영 6형제와 이상룡(李相龍)을 비롯한 안동 사람들이 이
미 이주해 활동하고 있던 서간도로 향했다. 그가 정착한 곳은 신
흥무관학교가 설립된 유하현(柳河縣)과 인접한 통화현(通化縣)이었
다. 김필순은 그곳에서 병원을 개업하고 의술로써 독립운동을
전개해 나갔다. 병원을 운영해 얻은 수익금으로 독립운동 자금
을 대기도 하고, 독립군 양성을 위한 신흥무관학교 운영에도 발
벗고 나섰다.

그러나 김필순의 망명 생활은 그리 순탄
하지 않았던 것 같다. 이러한 사실은 1912
년 3월, 그가 당시 캘리포니아에 있던 안
창호에게 보낸 한 통의 편지를 통해 짐
작해 볼 수 있다.

이 편지에서 그는 조
촐한 짐을 꾸려 이주한
이국땅에서 언어가 소통
되지 않아 곤란한 상황을
겪고 있다고 털어 놓고 있
다. 이때 김필순이 보낸 편
지 겉봉에 쓰인 주소지는
통화현 동관의 기독교 교회
당이었다.

김필순이 안창호에게 보낸 편지

　이후 김필순은 안창호의 권유에 따라 치치하얼로 무대를 옮기게 된다. 안창호는 만주지역에 독립운동기지를 건설하려는 계획을 가지고 있었다. 흑룡강성 치치하얼 부근과 밀산 지역을 후보지로 정한 안창호는 김필순에게 치치하얼에서 활동할 것을 권했고, 김필순이 이를 수락하면서 치치하얼에서의 그의 활동이 시작된 것이다.

　치치하얼에서 김필순은 독립운동기지 건설을 위해 힘썼다. 치치하얼의 용사공원 내 관제묘(關帝廟, 관우묘)에 거처를 정한 김필순은 그와 인접한 영안대가(永安大街)에 '북제진료소(北濟診療所)'를 개원했다. 이 병원의 이름은 제중원과 인연이 깊었던 그가 '북쪽에 있는 제중원'이라는 뜻으로 명명한 것이다. 김필순은 이 병원에서 현지인들과 한인들은 물론 부상당한 독립군들을 돌봤을 뿐만 아니라, 이곳이 독립운동가들의 연락 거점으로 활용될 수 있도록 했다. 그는 중국군과 러시아군의 군의관으로도 활동했는데, 이를 통해 신변을 보호받았던 것으로 보인다.

　한편 김필순은 병원 운영과 함께 대규모 농장을 꾸려 군자금을 마련하고자 했다. 일명 '김필순 농장'이 그것이다. 치치하얼 일본영사관의 보고에 의하면, 김필순은 중국인 지주와 함께 토지를 개간했는데, 그중 1/3가량이 그의 소유였다고 한다. 구체적으로 그는 한국인 이광범(李廣範), 중국인 조좌향(趙左鄕)과 함께 농장을 꾸렸다.

　김필순은 이 농장을 운영해 독립군에게 자금을 제공할 뿐만 아니라, 이주 한인 자제를 교육시켜 훌륭한 독립투사로 키우고자 했다. 이를 위해 김필순은 일제강점기 여성운동가로 당시 일본에 유학 중이던 자신의 동생 김필례를 농장으로 불러 농민 교육을 담당하게 했다. 이렇게 김필순 농장은 한인공동체이자, 독립운동의 인적자원 공급처 역할을 수행했다. 그는 농장 경영에 매진하기 위해 자신의 매제이자 대한민국 수립 이후 전라남도 도지사를 역임했던 최영욱(崔永旭, 세브란스 6회 졸업생)에게 병원 일을 맡기는 등 농장에 많은 노력과 열정을 쏟아부었다. 그리고 병원과 농장 수입의 거의 대부분을 자신과 가족이 아닌 조국의 독립과 동포들을 위해 기꺼이 내놓았다.

그러나 이렇게 조국을 위해 헌신했던 김필순은 안타깝게도 의문의 죽음을 당하게 된다. 일본인 의사가 전해준 우유를 먹고 건강이 악화돼 1919년 음력 윤 7월 7일 숨을 거두고만 것이다. 자신의 작은 외할아버지인 김염의 삶을 조명한 『상하이 올드 데이스』를 쓴 박규원에 따르면, 일본인에게 독살당한 자신의 외증조부 김필순은 이후 치치하얼에 묻혔는데, 일본군이 그 묘마저 불도저로 밀어버려 흔적조차 사라졌다고 한다.

악랄한 일제는 이렇게 그의 육신을 두 번이나 죽였다. 하지만 독립을 향한 그의 강한 정신만큼은 결코 죽일 수 없었다. 비록 그의 흔적은 사라졌을지라도 그의 정신은 여전히 우리 가슴속에 살아 숨 쉬고 있기 때문이다. 김필순은 1997년 독립유공자로 인정받아 건국훈장 애족장에 추서됐다.

그의 흔적과 마주하다

– 관제묘 내 거주지/ 영안대가 근무지 및 병원 터/ 용강현 김필순 농장

치치하얼은 흑룡강성 제2의 도시로 눈강(嫩江, 넌장) 유역의 정치·경제·문화·교통의 중심지다. 명(明) 나라 이후 퉁구스족과 다호르족이 들어와 목축지로 개발한 이곳에는 현재 약 560만 명(시내 140만 명)이 살고 있다. '치치하얼'이란 지명은 다호르어로 '천연목장'을 뜻한다. 치치하얼에는 '자룽 자연 습지 구역'이라는 습지 생태 유형의 자연보호구역이 있는데, 여기에는 수백 종의 학류 등 야생동물이 살고 있다. 그중에서도 학 종류가 세계에서 가장 많은 곳이라 하여 '학성(鶴城)'이라 부르기도 한다. 치치하얼은 서북쪽으로는 내몽고와 접해 있어 끝없이 펼쳐진 대륙의 기운을 느낄 수 있는 곳이기도 하다.

치치하얼에 한인들이 언제부터 이주해 왔고, 또 얼마나 왔는지 현재로서는 정확히 알 길이 없다. 다만 최초 이주 시기는 1915년 전후로 추정되며, 만주리를 비롯해 치치하얼에 50여 명이 거주했던 것으로 파악된다.

2007년 10월 12일, 드디어 김필순 찾기가 시작됐다. 며칠간 이어진 고된 여정 탓에 꿀맛 같은 잠을 더 청하고 싶은 유혹에 잠시 빠지기도 했지만, 나의 한순간의 꿈과는 비교도 될 수 없는 꿈을 꾸고 그 세계를 그려낸 김필순을 생각하니 신기하게도 저절로 눈이 떠졌다. 나는 눈을 뜨면 사라질 나의 꿈 속 세상보다 그가 그린 이상향이 더 보고 싶었다. 우리 일행은 아침 7시경 짐을 챙겨 숙소를 나왔다. 10월 중순인데도 날씨가 영하 5도로 쌀

쌀하다 못해 춥기까지 했다. 우리는 옷깃을 여미며 김필순의 거주지가 있는 관제묘로 향했다.

통화현에서 이곳 치치하얼로 온 김필순은 용사공원 내 관제묘에 거처를 정한 후 가까운 곳에 '북제진료소'라는 병원을 개업했다. 그가 거처로 삼았던 관제묘는 삼국지의 영웅 관우를 기리는 사당으로 용사공원을 찾는 방문객이라면 누구나 한 번쯤 찾는 명소다. 이곳은 2005년 12월 치치하얼시급 문화재로 지정됐다. 그러나 나는 '삼국지의 영웅 관우'가 아닌, '우리 역사의 영웅 김필순'을 만나기 위해 이곳을 찾았다. 관제묘 안을 둘러보면 둘러볼수록 마음이 무거워지며 머릿속이 복잡해졌다.

'정말 이곳 어딘가에서 김필순이 살았단 말인가?'

김필순이 거주했던 치치하얼 관제묘 정문

그렇게 한참을 관광객들 틈에 섞여 걸음을 옮기던 우리 일행은 한 건물 앞에서 멈춰 섰다. 관제묘 안에서도 깊숙한 곳에 위치하고 있는 2층 건물, 이곳이 바로 우리가 찾던 김필순의 거주지였다. 그 회색빛 건물은 그저 말없이 관제묘를 찾은 방문객들을 맞이하고 있었다. 이곳에 살았던 김필순을 기억하는 이는 그날의 수많은 사람들 가운데, 우리 일행과 그 건물뿐이었다. 그가 이곳에서 홀로 외로이 의술과 독립운동기지 건설을 위해 분주히 움직였을 것을 생각하니, 가슴 한켠이 뭉클해졌다.

김필순은 당시 중국군과 러시아군의 군의관으로 활동하며 신

김필순의 거주지. 현재도 사람이 살고 있다.

변을 보호받았다. 그가 군의관으로 활동한 근무지는 영안대가에 있었는데, 영안대가는 그의 거주지와 불과 1km 거리였다. 영안대가 부근에는 러시아 영사관이 옛 모습 그대로 보존돼 있다. 이렇게 그는 신변을 보장받기 위해 군의관으로 활동했는데, 이와 동시에 자신이 직접 이름 짓고 설립한 북제진료소도 운영했다. 하지만 안타깝게도 이곳의 정확한 위치와 모습은 현재로서는 고증해내기 어렵다. 다만 그가 매일 아침 거처인 관제묘에서 나와 현재 용사공원 제2문을 지나 직진해 10층짜리 중국 해관건물을 끼고 좌측으로 돌아서 영안대가로 가 그곳 어딘가에 있던 북제

김필순의 병원 터 거리. 현재 영안대가 전경

진료소에서 근무했을 것이라 추측해볼 뿐이다. 이것은 세월의 흐름 탓이라기보다는 우리 후손들의 무지와 게으름 탓이기에 더욱 가슴 아픈 일이 아닐 수 없다.

지금까지 1910년대 독립운동기지 건설은 주로 서간도, 북간도, 밀산 등지에서 전개된 것으로 알려져 왔다. 그러나 이러한 움직임은 치치하얼에서도 있었다. 우리 일행은 이를 눈으로 확인하고 증명하기 위해 발걸음을 재촉했다. 김필순이 독립운동 자금과 독립군 배양의 꿈을 펼치고자 했던 그 '이상향'을 찾아야 했기 때문이다. 이는 이번 답사를 계획하며 세운 목표 가운데 하나이기도 했다. 방송국에서 찾지 못한 곳을 찾아내겠다는 강박관념보다는 독립운동기지를 건설해 독립운동의 밀알로 쓰이고자 했던 그의 열정을 눈으로 직접 확인하고 싶은 마음이 더 컸다.

기대감과 설렘을 가득 실은 차는 치치하얼 서쪽을 향해 달렸다. 우리가 조사한 바에 따르면, 김필순 농장은 드넓은 만주벌판의 북쪽 끝이라고 할 수 있는 용강현(龍江縣, 룽장현)에 있어야 했다. 일본 외무성 문서에 나온 하나의 단서, 즉 '용강현 홍양향 고려촌(대구전자)'이라는 단서를 가지고 김필순이 개척한 독립운동기지(일명 '김필순 농장')를 찾아 나선지 약 여섯 시간 만에 마침내 우리는 '순흥촌(順興村, 당시에는 고려촌이라 불림)'이라는 이정표를 발견할 수 있었다. 조금만 더 가면 김필순 농장의 실체를 확인할 수 있다고 생각하니, 가슴이 뛰기 시작했다. 그렇게 약 10분 정도 비포장 시골길을 더 달리자, 마침내 고려촌 마을이 모습을 드러내기 시작했다. 마을 사람들은 해방 이후 이 마을에 한국인이 찾아온 것은 처음 있는 일이라고 했다. 우리 일행은 잃어버린 세계를 찾아낸 듯한 기분을 느꼈다.

　오랜 시간이 흘렀음에도 여전히 '대구전자', '고려촌' 또는 김필순의 성을 따 '김고려촌'이라 불리는 이곳이 바로 1919년 봄부터 김필순이 의형제를 맺은 중국인 조좌향과 한국인 이광범과 함께 가꾼 독립운동의 꿈이 어린 곳이다. 조좌향과 이광범에 대해서는 자세히 알려져 있지 않지만, 김필순과 함께 농장을 꾸린 사실로 볼 때 한국독립운동의 지지자들이었던 것만은 분명해 보인다. 현지 노인들에게서 중국인 지주 조좌향의 활동과 김필순 농장에 대한 이야기를 어렴풋하게나마 들을 수 있었다. 그들의 증언을 바탕으로 찾아간 김필순 농장 터는 현재 옥수수 밭으로 변해 있었다. 우리가 그곳에 도착했을 때는 트랙터 몇 대가 농장을 부지런히 돌아다니며 인부들이 수확한 옥수수 대를 연신 마을로 실어 나르고 있었다.

김필순 농장 입구 이정표

김필순 농장 터. 옥수수를 수확하는 한족 농부들의 손길이 분주하다.

의사 김필순은 당시 한국인들이 겪고 있던 육신의 고통뿐만 아니라, 정신의 고통, 나아가 나라가 겪고 있는 이민족 침략의 고통까지 치유하고자 했다. 상처를 치료하면 새살이 돋아나고 더욱 단단해지듯이, 김필순은 우리나라가 고난과 역경을 이겨내고 더욱 새롭고 강한 나라가 되길 바랐다. 김필순 농장은 바로 그 꿈을 이루기 위한 무대였다.

그런데 과연 우리는 그가 모든 것을 바쳐 꿈꾼 이상향이 바로 지금 우리나라의 모습이라고 자신 있게 말할 수 있을까? 그의 꿈은 과연 이루어진 것일까? 이런저런 상념에 사로잡혀 그의 농장을 한참동안 우두커니 바라보고 서 있었다. 웬일인지 쉽게 발길을 돌릴 수가 없었다.

우리가 잊지 말아야 할 김필순 농장의 위치다.

한 손에는 메스를 들고 병든 육신을 고치고,

다른 손에는 독립운동이라는 메스를 들고

일제의 탐욕스런 침략의 본질을 도려내고자 했던

김필순의 뜨거운 열정이 서린 곳이다.

김필순의 꿈이 스며 있는 드넓은 농장 전경

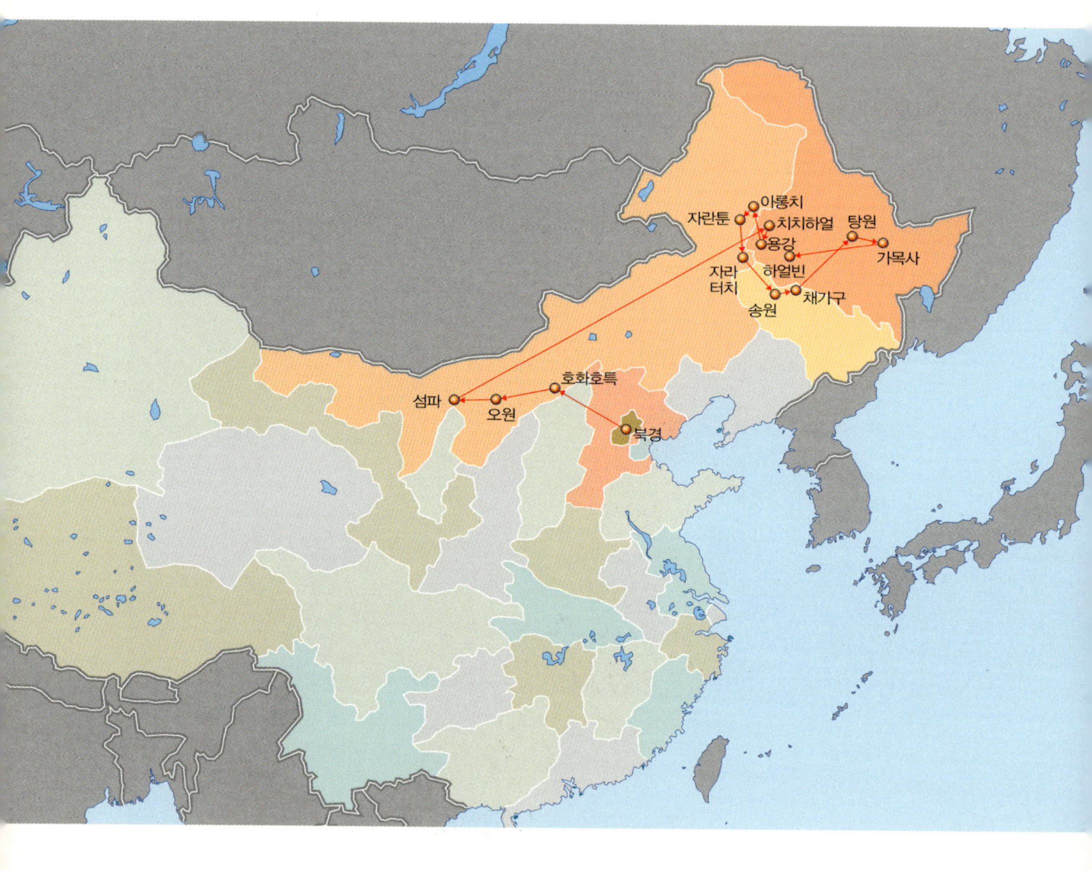

아룡치
자란툰
치치하얼
탕원
용강
가목사
자라
터치
하얼빈
송원
채가구
섬파
호화호특
오원
북경

3. 내몽고와 우리 민족

〈답사 일 : 2007년 10월 13~15일〉

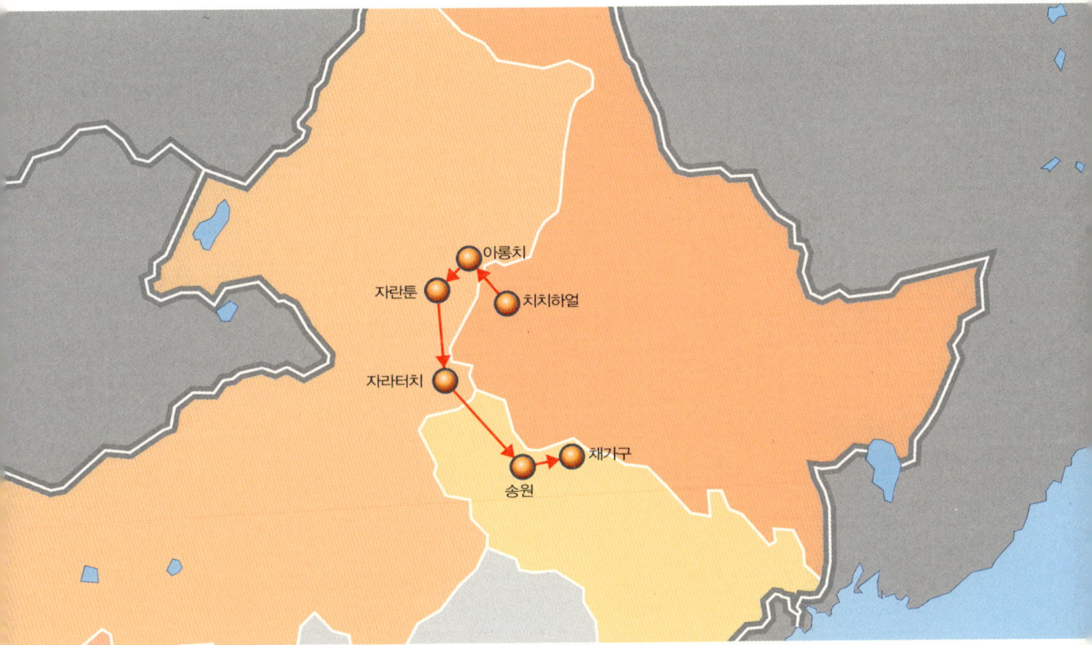

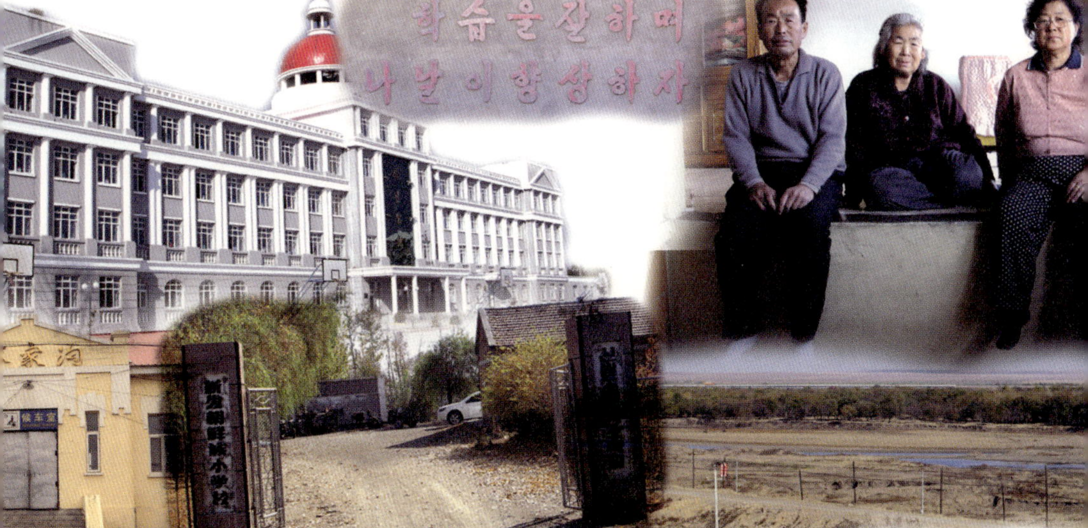

아롱치 조선족학교/ 신발 조선족소학교/ 자란툰 조선족학교/ 자라터치 조선족중심학교/ 송원수력발전소 / 채가구역

아롱치

— 아롱치 조선족학교/ 신발 조선족소학교

아롱치 조선족학교의 위치다. '아롱치(阿榮旗, 아영기)', 이름부터 낯선 이곳에 조선족학교가 세워져 있다. 우리 민족이 뿌리를 내리고 살고 있는 이곳은 과연 어떤 곳일까?

아롱치는 내몽고 자치구의 수도인 호화호특 동쪽 끝자락에 위치해 있는데, 지리적으로는 오히려 흑룡강성과 더 가깝다. 흑룡강성 치치하얼에서 버스로 2시간 남짓 서북쪽으로 가면 후룬바이얼(呼倫貝爾)시 초입에 위치한 아롱치를 만날 수 있다. 아롱치는 만주어로 '깨끗하다'는 뜻의 '아롱'에 '치(旗)'라는 몽골식 행정 단위(우리의 군/면 단위)가 더해져 만들어진 이름이다. 이름에 숨겨진 '깨끗한 마을'이란 뜻이 우리 민족과 왠지 잘 어울리는 것 같다. 우리 민족이 이곳에 이주해 살기 시작한 것은 1930년대부터인 것으로 알려져 있다.

2007년 10월 13일 오전 7시 30분, 이자해와 김필순 답사 일정을 마친 우리 일행은 준비된 다음 길을 걷기 위해 치치하얼 숙소를 나섰다. 일차 목표를 마친 우리 일행의 다음 계획은 내몽고와 흑룡강성에 숨겨진 우리 민족의 또 다른 발자취를 찾아내는 것이었다. 이를 위해 첫 번째로 찾아간 곳이 바로 '아롱치'다. 우리가 있던 치치하얼에서 만주리 쪽으로 차로 2시간만 더 가면 흑룡강성과 내몽고의 경계선에 도착할 수 있었다. 우리 일행은 김필순과의 짧은 만남을 뒤로 하고, 아롱치를 향해 달렸다.

"우리가 가는 아롱치에는 조선족이 얼마나 있습니까?"

　초보 답사꾼 오대록 연구원의 질문에 단장 김영신 박사는 정확한 통계가 없어 명확히 알 수 없다고 답했다. 김영신 박사의 말처럼 이 지역에 대한 연구 자료는 매우 희박하다. 어렵게 찾아볼 수 있는 자료 중 하나가 염호 선생님의 저서 『내몽고조선족』인데, 이 책에는 1990년대 초의 통계 자료를 근거로 2,000여 명이 거주했다는 내용이 쓰여 있다. 하지만 이것은 2007년 답사 시점을 기준으로 할 때, 약 17년 전의 자료를 바탕으로 한 것이다. 서울의 17년 전의 모습을 떠올려 보자. 얼마나 많은 것들이 달라졌는가? 1990년대 초의 자료를 참고할 수밖에 없는 현실이 안타깝고 아쉬울 뿐이다.

　아롱치뿐 아니라 내몽고와 중국 동북 지역에는 거의 모든 곳에 〈아리랑〉의 흔적이 남아 있을 만큼 우리 민족의 삶이 곳곳에 묻어 있다. 우리가 이런 곳들에 조금만 더 일찍, 더 깊이 관심을 가졌다면 '조선인'에서 '조선족'으로 살아가는 이들의 삶과 아픔을 좀 더 깊이 이해하고 품을 수 있지 않았을까 하는 생각이 들었다.

　덜컹거리는 차창 너머로 10월 중순 용강 벌판이 끝없이 펼쳐졌다. 추수를 끝마친 논바닥이 을씨년스럽게 속살을 드러내고 있었다. 우리가 찾아가는 아롱치 역시 주변에 아론하(阿倫河)가 흘러 지리적으로 벼농사에 적합한 곳이다. 1945년 해방 이후 목단강에 거주하던 150여 호의 한인들을 집단으로 이주시켰을 만큼 벼농사에 유리한 곳이었다. 덜컹거리며 한참을 달리던 차는

아롱치 조선족학교 전경

학교 내부. 사무실의 현판이 한글로 되어 있어 이채롭다.

어느새 차창 너머로 작은 소읍의 전경을 보여준다. 우리는 마침내 아롱치에 도착했다.

우리가 가장 먼저 찾아간 곳은 '아롱치 조선족학교'다. 4층 현대식 건물의 아롱치 조선족학교에는 "무실 창신", "근학 향상" 등의 표어가 곳곳에 붙어 있었다.

교장선생님과 교무주임인 유정일 선생님이 우리 일행을 반갑게 맞아주셨다. 우리는 그들로부터 아롱치 조선족학교의 역사를 비롯해 학교와 관련된 여러 이야기들을 들을 수 있었다. 이주 한인의 역사만큼이나 파란만장한 아롱치 조선족학교의 역사는 이러하다.

1948년 4월 7일	신발툰(新發屯)에 조선족학교가 설립됨.
1951년 1월	민영보습 중학반이 공립중학으로 비준을 받아 나길툰(那吉屯)으로 이전함.
1956년 9월	오란호특(烏蘭浩特) 조선족 중학이 설립되면서 나길툰 중학 조선반이 오란호특 조선족 중학에 합병됨.
1968년	신발조선족학교와 동광학교에 초중반이 신설됨.
1975년	신발조선족학교에 고중반이 증설됨.
1979년	동광학교 초중반이 신발학교 초중반에 합병되면서 '신발 조선족 중학'이라 칭함.
1982년	아롱치교육국에서 신발 조선족 중학을 나길툰으로 이전시키면서 '아롱치 조선족 중학'으로 명명.
2005년 11월	아롱치 조선족 중학, 신발조선족학교, 동광학교가 합병해 '아롱치 조선족학교'가 됨.

유정일 선생님은 우리가 방문했던 2007년 당시 아롱치에 살고 있는 조선족은 약 2,500여 명인 것으로 추정되지만, 정확한 거주자 수를 파악하기는 쉽지 않다고 말했다. 그 이유는 개혁개

방과 1992년 맺은 한·중 수교로 인해 청도(青島, 칭따오)·북경·
상해 등 중국 대도시로 이주하거나 한국의 노동시장으로 뛰어든
조선족들이 급격히 늘어났기 때문이라고 했다. 아롱치에 살고
있는 조선족들은 오늘날 경제적인 이유로 공동체가 해체되는 아
픔을 겪고 있었다.

신발툰 전경. 1970년대 한국 농촌을 연상케 한다.

　우리가 다음으로 찾아간 곳은 아롱치 조선족 교육의 시발점인
'신발(新發) 조선족소학교'다. 앞서 살펴본 아롱치 조선족학교의
역사에서 엿볼 수 있는 것처럼 1948년 4월 7일 신발툰에 조선
족소학교가 설립되면서 아롱치 내 조선족 교육이 실시됐다. 신
발 조선족소학교가 설립된 신발툰은 내몽고에서 향(鄉)급으로는
유일한 조선족자치지역이다. 내몽고에는 신발툰 외에 오란호특
(烏蘭浩特, 우란하오터)시의 '삼합촌'이나 자라터치의 '선광촌' 같은
조선족 마을이 몇 군데 있다. 하지만 형태나 규모 면에서 볼 때,
신발툰이 내몽고에서 가장 큰 조선족 집단촌이다.

　　신발 조선족소학교는 아롱치 시내에서 동남쪽으로 약 5km 떨어진 곳에 있었다. 그러나 안타깝게도 신발 조선족소학교에서는 더 이상 학생들의 웃음소리를 들을 수 없었다. 신발 조선족소학교는 쌓이는 세월의 무게를 견디지 못하고 폐교의 운명을 맞이했기 때문이다. 주인 없는 학교에는 농기계와 중고 차량들이 곳곳에 자리를 틀고 앉아 있었다. 그렇게 주인 없는 빈 학교에 들어가 여기저기를 둘러보는데 "학습을 잘하며 나날이 향상하자"라는 한글 표어가 눈에 들어왔다. 신발 조선족소학교의 학생들이 우리 민족의 글과 혼을 잊지 않고 지냈음을 알 수 있게 하는 징표다. 먼 타국 땅에서 폐교가 되어 버린 학교에 남아 있는 한글 표어를 보니, 왠지 가슴 한구석이 짠했다.

신발 조선족소학교에 쓰인 표어

폐교된 신발 조선족소학교 전경. 아이들 대신 농기계와 자동차가 자리를 차지하고 있다.

비록 몸은 중국의 낯선 땅에 살지라도 미래의 희망인 우리 아이들에게만은 그 뿌리를 제대로 일깨워주고자 세워진 신발 조선족소학교는 아직도 아이들이 찾아오기를 기다리며 제 모습을 잃지 않기 위해 안간힘을 쓰고 있는 듯했다. 학교를 나서며 교문에 쓰인 낡은 글씨를 한참 동안 바라봤다. 세월의 모진 바람에도 크게 손상되지 않은 채 굳건히 남아 있는 '신발 조선족소학교'라는 선명한 글씨. 척박하고 낯선 땅에서 그 글씨만큼이나 굳건히 우리 아이들을 키워내고 이제 쉼을 맞이한 신발 조선족소학교에 고맙다고, 그리고 수고했다는 인사를 하며 돌아섰다.

자란툰 홍광촌
- 자란툰 조선족학교

같은 언어, 같은 모습 속에서 민족이라는 뜨거운 공통분모를 느낄 수 있었던 아롱치 조선족학교의 정 많은 선생님들을 뒤로 하고, 칭기즈칸이 머물렀다고 하는 성길사한진(成吉思汗鎭) 자란툰(扎蘭屯, 찰란둔) 홍광촌(紅光村)으로 향했다. 지도상으로는 가깝게 보이는 거리였지만, 꽤 오랜 시간을 달린 끝에야 목적지에 도착할 수 있었다. 한반도보다 약 5배가량 큰 내몽고의 방대한 면적을 다시금 확인하게 된 순간이었다.

우리는 아롱치에서와 마찬가지로 조선족학교를 제일 먼저 찾았다. 일반적으로 한인 이주지에서 학교는 생활과 정보의 중심지였기 때문이다. 자란툰 성길사한진 홍광촌에도 어김없이 조선족학교가 세워져 있었다. 우리가 방문했을 당시 자란툰 조선족학교의 학생 수는 약 30여 명이었는데, 1970년대에는 학생 수가 350명에 달했다고 한다. 학교 교실 안으로 들어서자, "21세기의 훌륭한 인재로"라는 한글 구호와 칠판 옆에 붙어 있는 한글 자음·모음 판이 우리 일행을 정겹게 반겨줬다.

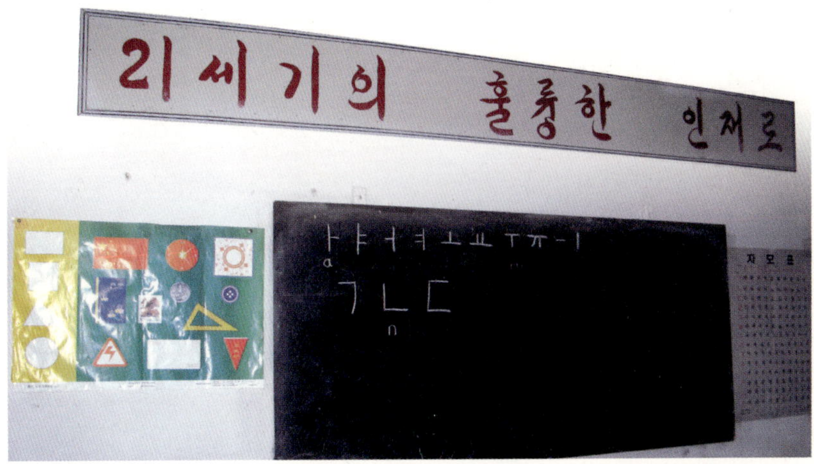

자란툰 조선족학교 내부

우리는 이전에 자란툰 조선족학교에서 근무한 바 있는 정삼준 씨로부터 학교와 관련된 이야기를 들을 수 있었다. 자란툰 조선족학교는 1945년 최덕윤(崔德胤)이라는 분이 운영한 작은 글방에서 시작됐다. 해방 이후 학생 수가 점차 증가하면서 1968년에 중학교가 설립되고 1971년에는 고등학교까지 설립됐다. 이렇게 비교적 안정된 형태로 조선족 학생들을 교육하던 학교는 개혁개방과 한·중 수교의 영향으로 점차 쇠퇴의 길을 걷게 된다. 2005년 중학교와 고등학교가 폐교됐고, 현재는 이 학교마저 폐교 위기에 처해 있는 상태라고 했다.

자란툰 조선족학교 교사 입구

이야기를 들려주던 정삼준 씨의 표정이 끝내 어두워지고 말았다. 가슴 깊이 안타까워하는 마음이 우리에게 그대로 전달됐다. 하지만 그 순간 우리가 할 수 있는 일이라고는 그에게 한국독립운동 관련 책 몇 권을 건네주는 것뿐이었다. 그는 바쁜 와중에도 기꺼이 자신의 시간을 더 할애해 조선족 거주지 및 초기 한인들이 개척했던 농토를 우리들에게 구석구석 소개시켜줬다.

그 과정에서 우리는 안창룡(安昌龍)이라는 노인 한 분을 만나 이야기를 나눌 수 있었다. 안 노인은 우리에게 자신의 선친 안순신(安順臣)이 독립운동을 한 인물이라는 사실을 힘주어 말했다. 우리는 그로부터 홍광촌과 관련된 이야기를 비롯해 흥미로운 이야기들을 들을 수 있었다. 1926년 봄 10여 호의 한인들이 수전(水田)을 개발하면서 홍광촌에도 벼농사의 빛이 드리워지기 시작했다. 해방 이후 홍광촌은 벼농사 개발 시범단지가 됐고, 인구가 192호(926명)까지 증가했다. 하지만 현재는 100호 정도의 조선족이 살고 있으며, 수도작 농지도 한족들의 차지가 됐다고 안 노인은 푸념 섞인 목소리로 말했다.

하지만 이것은 비단 이곳만의 일이 아니다. 이는 오늘날 중국 동북 지역에서 일어나고 있는 보편적 현상이다.

안창룡 가족(왼쪽부터 안창룡, 그의 누나, 부인)

조선족이 개간한 농지를 한족들이 차지하면서 상대적으로 벼농사 기술이 떨어지는 한족들이 수전을 한전으로 바꾸고 있다. 옥수수 밭이 그 대표적인 예다. 이렇게 많은 것이 변했지만, 안창룡 노인의 집 앞에 고추를 잘게 썰어서 널어놓은 풍경은 한국 농촌의 가을 정취와 크게 다르지 않았다.

고추와 옥수수를 널어 놓은 안창룡 거주 가옥

안 노인은 자신의 선친이 독립운동에 참여했지만, 정확한 증빙자료를 찾지 못해 아직까지 한국 정부에 포상 신청조차 하지 못한 상태라고 했다. 그의 말끝에는 답답함, 허무함, 지침, 체념이 한데 섞인 깊은 한숨이 이어졌다. 어디 이분 한 분뿐이겠는가? 제2, 제3의 안순신이 도처에 있을 것이다. 중국의 문화대혁명을 거치면서 조선족들은 선조들의 독립운동 사실을 감출 수밖에 없었고, 이 과정에서 많은 자료들이 유실됐기 때문이다. 자신의 할아버지, 할머니, 아버지, 어머니가 나라를 위해 목숨을 걸고 했던 독립운동을 증명할 길이 사라지게 된 것이다.

이야기를 마친 안 노인이 우리를 어딘가로 안내했다. 선친 안순신이 거주했던 곳이라고 했는데, 집터에는 끝물의 해바라기만 덩그러니 서 있었다. 세월 속에서, 역사 속에서 사라지고 있는 안순신의 모습 같아 마음이 짠했다.

부친 안순신 집터를 설명하고 있는 안창룡(왼쪽)

　1937년 길림성 반석(磐石)에서 이주했다는 안 노인은 우리에게 잘 알려지지 않은 사실 한 가지를 조심스럽게 털어놨다. 그것은 한인의 이주가 일제에 의해서만 강제된 것이 아니라는 사실이다. 그는 해방 직후 중국 국민정부에 의해서도 한인의 이주가 자행됐다고 했다. 장롱 밑으로 들어가 알지 못했던 역사의 퍼즐 조각 하나를 찾아낸 듯한 기분도 들었지만, 마냥 기쁘지만은 않았다. 퍼즐을 너무 늦게 찾아낸 것은 아닌지, 이 퍼즐 조각을 어떻게 맞춰야 할지 머릿속이 복잡해졌다.

　그러는 사이 어느덧 해는 하루의 삶을 뜨겁게 불태우고 다시 떠오를 내일을 위해 조금씩 사라지고 있었다. 홍광촌에는 숙박 시설이 없어 우리 일행은 하는 수없이 자란툰을 뒤로하고 다시 치치하얼 호텔로 향했다.

자라터치 선광촌
– 자라터치 조선족중심학교

　10월 14일 새벽 6시, 강행군으로 지친 몸을 따뜻한 죽으로 잠시 달래고 내몽고 동부의 마지막 조사지인 자라터치(扎賚特旗, 찰뢰특기) 선광촌(鮮光村)으로 향했다. 치치하얼에서 자라터치로 가는 길은 아롱치와 자란툰과는 다른 방향이었다. 치치하얼에서 남쪽으로 곧장 1시간 50분을 달리자 자라터치가 모습을 드러냈다.

　햇볕이 강렬하게 내리쬐는 내몽고의 10월은 싸늘하기도 했고

뜨겁기도 했다. 마치 냉탕과 온탕을 왔다 갔다 하는 느낌이었다. 그렇게 외투를 벗었다, 입었다를 반복하는 사이 도착한 자라터치 선광촌 마을에는 800여 명의 조선족이 거주하고 있었다. 우리가 답사한 내몽고 동부지역 조선족 마을의 현지 조선족들은 모국 한국에서 온 손님들을 하나같이 따뜻하게 맞아주었는데, 자라터치 선광촌도 예외가 아니었다. 굉장히 순박해 보이는 젊은 조선족 촌장님을 비롯해 선광촌 주민들은 우리 일행을 크게 환영해주었다.

촌장님의 안내를 받으며 우리 일행이 가장 먼저 찾아간 곳은 그들의 고단한 삶의 역사가 고스란히 남아 있는 제방이다. 제방 위에 오르자 넓은 호수가 한눈에 들어왔다. 며칠을 흙먼지만 보다 마주한 호수여서 그런지 반가운 마음이 컸다. 무거웠던 마음이, 답답했던 가슴 한 구석이 탁 트이는 기분이었다. 그렇게 오랜만에 가벼운 기분으로 호수를 바라보고 있었는데, 이어진 촌장님의 한 마디가 호수를 마냥 기분 좋게만 바라볼 수 없게 만들었다.

촌장님은 우리가 바라보고 있는 넓은 호수가 조선족에 의해 만들어진 것이라고 했다. 그렇다. 조선족들은 수전에 필요한 물을 확보하고 농지를 조성하기 위해 제방을 쌓고 이 넓은 호수를 만들었던 것이다. 그 이야기를 듣고 다시 호수를 한참 동안 바라봤다. 호수의 맑은 물에 고단한 삶을 지속하기 위해 땀을 흘리며 제방을 쌓는 조선족들의 모습이 어렸다가 이내 사라졌다. 호수는 우리 조선족들이 흘린 눈물과 땀방울이 모여 만들어진 것이었다. 그래서였을까? 제방 옆에 잘 정비된 경작지가 마치 조선족 노인의 갈라진 손등 같아 보였다. 드넓은 호수와 개척지는 이주의 슬픔 뒤에 숨겨진 조선족들의 또 다른 아픔이었다.

젊은 촌장님은 우리에게 무언가 더 많은 이야기를 들려주고 싶은 듯했지만, 한국어가 서툰 탓에 말이 나오다가 끊어지기 일쑤였다. 이에 그는 자신은 한국어를 잘하지 못하니, 노인회의 어른들을 모셔오겠다고 했다. 중국에서 한국말을 못한다고 수줍어하는 그의 모습에서 따스한 정겨움이 느껴졌다. 그의 배려로 만나게 된 노인회 어르신들로부터 우리는 자라터치 선광촌에 대한 보다 구체적인 이야기들을 들을 수 있었다.

선광촌이 지금의 모습을 갖추기까지는 여러 난관들이 있었다고 한다. 형성 초기 농장을 꾸리기 위해 제방을 쌓았지만 바로 유실되는 등 정착에 어려움이 많았다. 여기에 만주국의 정책에 따라 1942년 600여 호의 일본인 개척단 등이 이주해오면서 현

자라터치 선광촌 노인회관(노년협회)

지인과의 갈등이 더욱 깊어졌고, 해방 이후에는 소련 홍군과 토비들의 약탈로 또다시 힘겨운 나날들을 견뎌야 했다.

노인회관 어르신들의 안내를 받으며 우리가 다음으로 찾아간 곳은 '초리진 선광촌 조선족중심학교'다. 학교 교문 옆에는 "단결, 성실, 근면, 용감!"이라는 구호가 붙어 있었다. 학교의 모습은 한국의 옛 시골 학교를 연상케 했다. 선광촌에 이주 한인들이 증가함에 따라 조선족을 위한 학교 설립의 필요성이 대두됐고, 1937년경 남궁연(南宮淵)에 의해 학교가 운영되기 시작했다. 그렇게 선광촌에서 민족의 풍습과 정체성을 일깨우는 교육이 실시됐다.

자라터치 구 한인개척촌 제방과 호수

현재 조선족중심학교는 설립 당시의 그 교풍을 그대로 유지하
고 있다고 했다. 이는 학교의 교가를 통해서도 쉽게 확인할 수
있다. 조국의 찬란한 내일을 위해 힘차게 불렀을 조선족중심학
교의 교가를 잠시 감상해 보자.

자라터치 조선족중심학교 전경

　　조선족중심학교를 둘러본 후 다음 행선지로 발길을 옮기려던 우리 일행을 젊은 촌장님이 잡아 세웠다. "당신들은 이 마을에 찾아온 두 번째 한국인입니다"라고 하면서 이대로 그냥 돌려보낼 수 없다며 점심식사를 대접하겠다고 했다. 그의 말에 따르면, 이 마을을 첫 번째로 찾은 한국인은 민속학을 전공하는 학자들이었는데 10년도 더 된 일이라 정확히는 기억하지 못했다. 김영신 박사가 "성의는 무척 감사하지만, 일정상 송원을 거쳐 채가구까지 가야 하기 때문에 서둘러야 합니다"라고 정중히 거절했지만, 마을 어르신들까지 합세해 우리 일행에게 그냥 가면 예의가 아니라며 식사를 하고 갈 것을 권했다. 우리는 그 정성에 감동해 감사한 마음으로 초대에 응했다.

　　젊은 촌장은 투박한 손으로 연신 우리들에게 두부 요리를 건네줬다. 중국의 대중음식 중 하나인 티에판 도우푸(铁板豆腐)로 철판두부요리이다. 그는 우리에게 백주(白酒, 바이지오)도 한 잔씩 권했는데, 정겨운 정이 더해져서인지 그 쓴 술이 달게 느껴졌다. 그렇게 우리 일행은 한민족의 진한 정에 취한 채로 기분 좋게 송원으로 향했다.

내몽고에서 하얼빈으로 가는 길

- 송원수력발전소 / 채가구역

　2007년 10월 14일 오후 3시경 자라터치에서 출발한 우리 일행은 5시경 백성(白城)에 도착해 잠시 휴식 시간을 가진 후, 서둘러 이날의 최종 목적지인 송원(松源)으로 향했다. 백성에서 출발한 지 약 1시간 만에 우리는 송원에 도착할 수 있었다. 우리와 이날 일정을 함께했던 연변주박물관 근현대사문물부 주임 허영길 선생이 자신의 동기가 송원수력발전소의 책임자라고 하면서 그곳에서 하룻밤을 보낼 것을 제안했다. 그렇게 해서 이날 우리의 숙소는 송원수력발전소에 부속된 호텔로 결정됐다.

　송원은 해방 전 몽고의 영향을 강하게 받았던 지역으로 몽고의 자치기구인 전곽기(前郭旗)의 또 다른 이름이기도 하다. 송원은 해방 전에는 대뢰(大賚)라고도 했다. 이곳은 엄청난 양의 담수어가 있어 "만주 제일의 담수어 산지"라고 불리기도 했다. 1년간 180만 톤의 담수어를 잡았다고 한다. 만주 벌판에서 농업이 아닌 어업으로 생계를 이어가는 특징적인 곳이다. 승왈범(承曰範)의 『무휴일기(無休日記)』에는 만주 제일의 담수어 산지라 불리던 이 지역의 풍경이 다음과 같이 묘사돼 있다.

봄철 갈수기에 강바닥 요소요소에 웅덩이를 파고 원형으로 버들목책을 설치해 놓으면 여름철 장마로 만수가 되었을 때 목책 안에 물이 차면서 온갖 물고기가 들어간다. 그런 후에 강물이 어느 정도 빠지고 한겨울에 강이 얼어붙게 되면 그때부터 본격적으로 목책 속에 든 물고기를 건져

올린다. 어름을 깨고 갈고랑으로 목책 안에 갇힌 고기를 끄집어낸다. 그럴 때 고기를 어름판 위에 내던지면 펄떡펄떡 뛰다가 곧 북극의 혹한에 꽁꽁 동결된다. 그곳 주민들은 이것을 마차에다 장작개비처럼 낱개로 싣고 다니며 팔았는데 가물치나 메기는 큰놈은 마차 위에서 꼬리가 땅에 끌리는 것도 있었다. 그곳에서는 그때 송화강 강변에 내다맨 송아지를 큰 가물치가 물속으로 물고 들어갔다는 이야기도 있었다. 그것이 사실인지 아닌지는 알 수 없으나 아무튼 그곳에는 그만큼 민물고기가 많았다는 것이다.

송원은 수자원이 무척이나 풍부한 지역이었다. 따라서 이 지역에 수력발전소가 들어선 것은 어쩌면 당연한 일이다. 우리 일행은 자라터치 선광촌에 이어 송원수력발전소 부속 호텔에서도 특별대우를 받았다. 보는 것만으로도 배가 부를 만큼 많은 요리들이 가득 담긴 상이 우리 앞에 차려졌다. 못난 후손들은 그렇게 송원에서도 분에 넘치는 대접을 받았다. 이 모든 혜택이 우리로 인해 이뤄진 것이 아니라, 선열들의 고단한 삶으로 인해 우리가 받게 된 것임을 가슴 깊이 새기며 감사한 마음으로 식사를 하고 송원의 깊은 밤을 맞이했다.

송원에서의 일정에서 한 가지 아쉬움이 남는 것은 늦은 저녁에 도착하고, 다음 날 이른 아침에 출발한 탓에 발전소와 관련된 사진을 한 장도 남기지 못했다는 사실이다. 지금까지 내내 아쉬움이 남는 부분이다.

다음날 우리는 아침 8시에 송원발전소에서 출발해 부여(扶餘)를 거쳐 11시 40분경 채가구(蔡家溝, 차이지아거우)에 도착했다. 채가구는 행정구역상 길림성에 속해 있다. 하얼빈에서 남쪽으로 3시간 거리에 위치해 있는 채가구역은 하얼빈역에 비해서는 잘 알려지지 않은 곳이지만, 그에 못지않게 역사적으로 의미가 깊은 곳이다. 애국심으로 무장한 많은 한국인들이 이곳을 찾았는데, 우덕순(禹德淳)·조도선(曹道善) 의사도 그들 중 하나다. 안중근(安重根) 의사가 동양 평화의 대의를 위해 하얼빈역에서 이토 히로부미(伊藤博文)를 처단할 때 우덕순·조도선 의사는 이곳 채가구역에서 이토 히로부미를 처단하기 위해 기회를 엿보고 있었다. 『신한국보(新韓國報)』 1910년 3월 15일 안 의사 공판 기사를 통해 그 과정을 살펴보면 다음과 같다.

안 의사가 말하되, 이토가 만주에 온다는 말은 거사하기 이틀 전에 해삼위(블라디보스토크)에서 원동보와 대동공보를 보아 알고, 우연준(우덕순)과 상의한 후 하얼빈으로 향하다가 중간에 포크라니치나야에서 차에 내려 통변 류동하를 데리고 하얼빈에 가서는 남방으로 내려가려 하나 여비가 불과 30원인 고로 1일에 러시아에 입적한 김성백 집에서 이틀을 유숙한 후 우연준, 조도선 등을 대동하고 채가구로 갔다가 미비한 사건도 있는 중 겸하여 하얼빈에 있는 류동하에게서 분명치 못한 전보가 자주 오는 고로 우, 조 2인 채가구에서 기다리게 하고 나는 하얼빈에 돌아가 이토가 다음날에 도착함을 알고 기회를 잃지 않기로 결심한 후 26일에 준비를 정돈한 후 아침 7시에 정거장에 가서 이토를 고대하는 중, 특별차가 도착하였는데 이토가 이미 내려 영접관의 환영을 받으면서 러시아 군대 전면을 지나 영사단 방면으로 향하는지라.

채가구역은 1909년 10월 당시의 관성자(寬城子, 현 장춘)역을 거쳐 오던 이토 히로부미를 처단하기 위해 안중근 의사가 첫 번째 거사지로 택했던 곳이다. 거사에 참여했던 우덕순·조도선 의사는 많은 군중들 틈에서 조국의 독립을 위해 이곳에서 자신의 목숨을 던질 준비를 하고 있었다.

이렇게 우리 역사에서 큰 의미를 지니는 채가구역은 오늘날 시간의 무게를 견디지 못하고 소규모 역으로 전락해 버렸다. 하루에 두 번 기차가 정차하는 작은 간이역이 지금의 채가구역의 모습이다. 사람들의 발길이 거의 없는 역사(驛舍)의 모습이 마치 우리에게 잊혀진 그날의 역사(歷史)를 보여주는 것 같아 마음이 아팠다.

채가구역

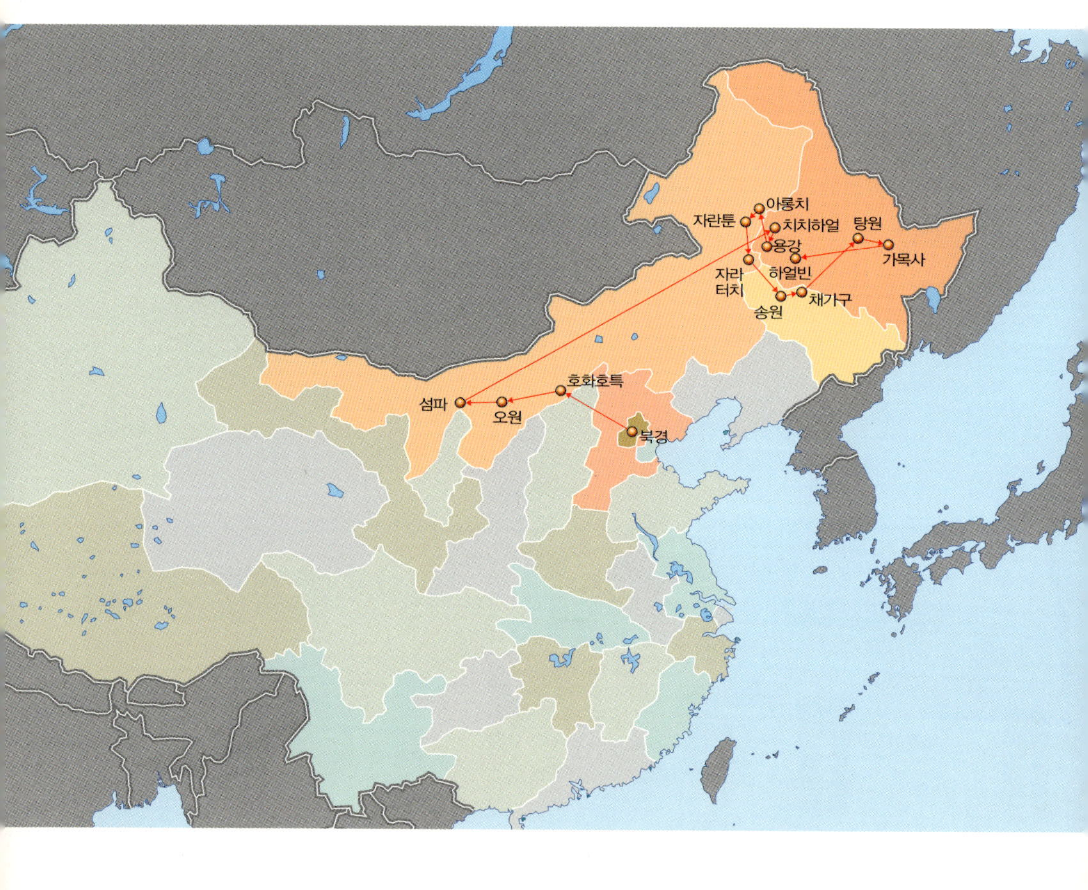

아룽치
자란툰
치치하얼
탕원
용강
가목사
자라
터치
하얼빈
채가구
송원
호화호특
섬파
오원
북경

4. 탕원현의 잊혀진 역사들

〈답사 일 : 2007년 10월 16일〉

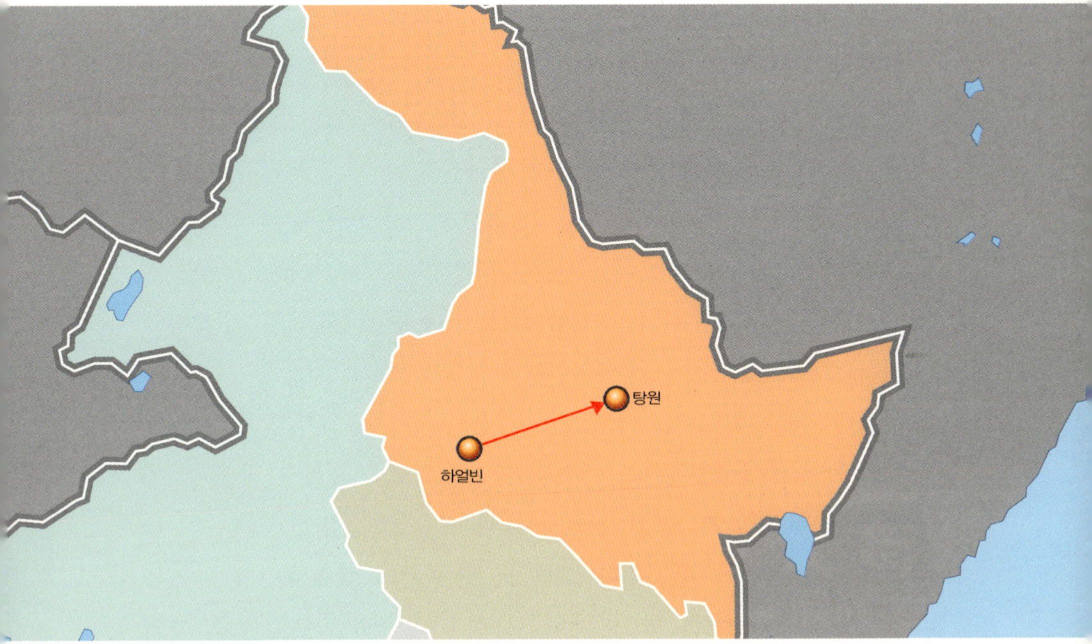

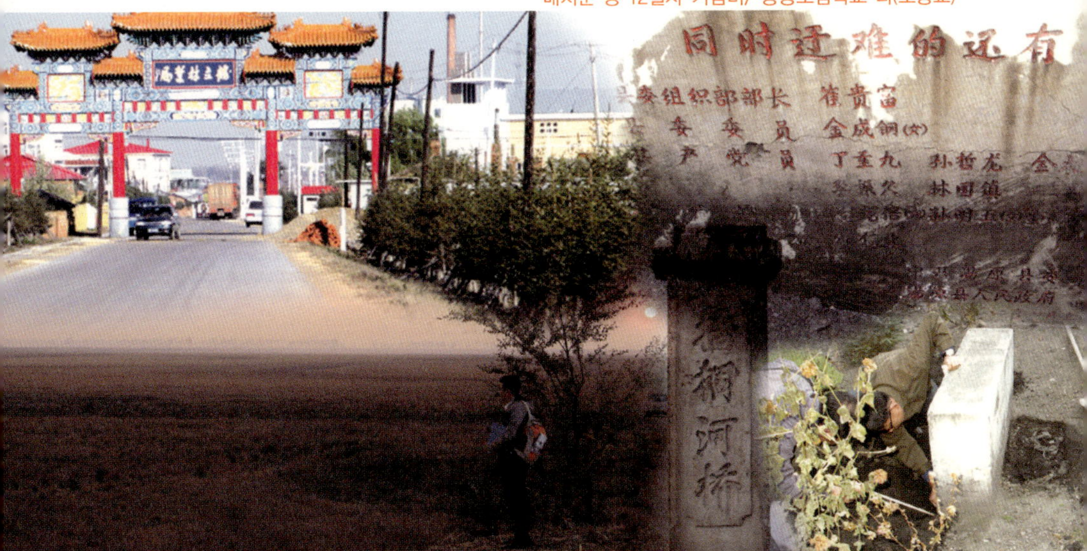

배치운 등 12열사 기념비/ 송동모범학교 터(오동교)

탕원현의 잊혀진 독립운동가들
– 배치운 등 12열사 기념비

하얼빈역에서 서북쪽으로 약 5분 거리에 위치한 동북열사기념관에 가면 한쪽 벽면을 외롭게 장식하고 있는 한 인물을 만날 수 있다. 그의 이름은 배치운(裵治云, 1893~1933)이다. 우리에게는 낯설다 못해 새롭기까지 한 이름이다. 그는 '탕원반일유격대'라는 조직을 만들어 독립운동을 전개하고, 1933년 탕원현 일본헌병소 마당에서 순국했다. 우리가 탕원현(汤原县, 탕위안시엔)을 답사지로 선택한 이유는 이곳에 그를 비롯한 12열사의 기념비가 있다는 소식을 접했기 때문이다.

2007년 10월 16일 하얼빈의 기온은 영하 6도까지 내려갔다. 채가구역 답사를 마치고, 어젯밤 하얼빈으로 이동해 숙박을 한 우리 일행은 따뜻한 차 한 잔으로 몸과 마음을 무장하고 오늘의 목적지인 탕원현으로 향했다. 1932년 만주국이 성립되면서 일본은 광활한 만주 벌판을 채우기 위해 강제 이민정책을 수립했고, 한반도의 한인들에게 만주 땅을 "영원한 안식처, 왕도낙토(王道樂土)"라고 선전했다. 그 결과 한인들은 만주 땅, 그것도 흑룡강성에 집중적으로 배치됐고, 그에 따라 흑룡강성에 소재한 탕원현에도 많은 한인들이 이주하게 됐다.

오늘날 탕원현은 4개 진, 5개 향, 그리고 탕왕(湯汪) 조선족향(朝鮮族乡)이라는 1개 민족향으로 이뤄져 있다. 이 중 탕왕 조선족향은 금성(金星)이라 불리던 집단부락으로 한국의 농촌과 흡사한 모습을 형성하고 있다. 이곳 역시 우리 역사에서 의의가 있는 지역

이지만, 시간상 애초 목적지인 12열사 순국지를 제대로 답사하려
면 탕왕 조선족향을 과감히 포기해야만 했다. 안타깝지만 우리 일
행을 태운 차는 탕왕 조선족향을 빠르게 지나쳐 우리를 기다리고
있을 12열사를 향해 힘껏 내달렸다.

우리가 탕원현 답사에 이렇게까지 집중한 데는 나름의 이유가
있었다. 지금까지 이곳을 답사한 한국인이 단 한 명도 없었기 때문
이다. 우리 일행이 하는 답사가 한국인의 첫 번째 답사로 기록될
것이다. 한국의 역사, 한국의 독립운동가들을 기억하고 있는 그 땅
으로 가 그들의 모습을 확인하고, 그들이 우리 역사에서 다시 기억
될 수 있도록 하는 중대한 사명이 우리에게 주어진 것이다.

가목사 학립진 입구

행정구역상 탕원현은 가목사시에 속해 있다. 우리가 탕원현 초
입에 도착한 시간은 12시 30분경이고, 학립(鶴立) 톨게이트에서 시
내로 접어들어 배치운을 비롯한 12열사 순국지에 도착한 시간은
2시 30분경이었다. 하얼빈에서 아침 7시에 출발했으니, 7시간 넘
게 달려온 셈이다. 그래도 예상했던 것보다는 이른 도착이었다.

　우리 일행이 헤매지 않고 예상보다 이른 시간에 탕원현 목적지에 도착할 수 있었던 것은 전적으로 11일부터 우리 답사단과 함께 해주고 있는 허영길 선생 덕분이다. '인간 내비게이션'이라는 별명을 붙여주고 싶을 정도로 길을 잘 찾는 그는 하얼빈에서 학강(鶴岡)으로 가는 길로 방향을 잡아 우리를 안내했다. 그의 탁월한 직감력 덕분에 우리는 후손들을 오랜 시간 기다렸을 12열사를 조금 일찍 만날 수 있었다.

　배치운의 순국지는 옛 일본헌병소 자리였다. 현재는 상가 건물이 들어서 있으며, 그 안에는 조선족 개고기집과 자동차 수리점이 입점해 있었다. 배치운의 순국지에 12열사 기념비가 세워져 있다고 알고 온 우리 일행으로서는 '여기에 정말 기념비가 있단 말인가?' 하고 의문을 품을 수밖에 없는 상황이었다.

12열사 기념비가 위치한 일본 헌병소의 현재 모습

그런데 건물 뒤뜰에 처박혀 있는 큰 돌덩이 하나가 눈에 들어왔다. '설마, 설마⋯⋯.' 아니길 바라며 무거운 발걸음을 옮겼다. 하지만 그 설마는 곧 슬픈 현실이 되어 돌아왔다. 자동차 수리점 뒤뜰에 잡동사니 물건들과 함께 방치된 그 돌덩이가 우리가 찾던 12열사 기념비였던 것이다.

12열사 기념비 앞면

우리 일행은 어느 누구도 선뜻 먼저 말을 꺼내지 못했다. 분명 우리 역사지만, 우리가 보듬지 못하고 있는 우리

12열사 기념비 뒷면

역사의 모습이 너무도 초라하고 처참해 눈물이 날 지경이었다. 이 세상에 12열사 기념비처럼 방치된 우리 역사가 얼마나 많을까 생각해 보니 마음이 더 저려왔다.

탕원현 12열사 기념비의 주인공이라 할 수 있는 배치운은 1893년 경상북도에서 태어났다. 그의 출신지와 관련된 정보는 이 이상 확인된 것이 없다. 우리에게는 이것을 밝히는 것도 숙제이리라.

빈농의 아들로 태어난 배치운은 1920년 형제들과 함께 만주로 이주하게 된다. 맨주먹 하나 들고 이주한 그는 1927년까지 길림성 공주령 근처에서 소작농 생활을 하다가 흑룡강성 오동하

(梧桐河) 근처를 개간한다는 소식을 듣고 형제들과 함께 탕원으로 이주를 계획했다. 결코 쉽지 않은 여정이었지만, 삼형제가 뭉치면 못할 것이 없다는 강한 정신력으로 탕원까지 무사히 도착했다. 형제들 간의 깊은 우애와 믿음은 타국 땅에서 살아가는 그들에게는 '뽀빠이의 시금치' 그 이상의 것이었다.

그런데 배치운과 형제들이 탕원에 도착했을 당시 개발지는 초기 노동력을 집약적으로 투입해야 할 정도로 사정이 좋지 않았다. 그는 이러한 상황 속에서 어려움을 겪게 된 이주 한인들을 위해 생존권 투쟁을 전개하기도 했다. 1931년 발발한 만주사변으로 상황은 더욱 나빠졌다. 일제가 세운 괴뢰 만주국이 독립운동가들을 색출하는 치안숙정(治安肅正)을 진행하기 시작했고, 탕원현에도 그 어둠의 손길이 뻗쳤다. 배치운은 이때 가슴에서 끓

하얼빈 동북열사기념관과 내부 벽면에 새겨진 배치운 설명문

어오르는 일본에 대한 분노와 독립을 향한 열정을 표출한다. 폭압적 탄압이 기승을 부리던 만주국 건국 초기인 1932년 10월, 그는 약 40여 명으로 '탕원반일유격대'라는 단체를 조직해 독립운동을 전개하기 시작했다.

이렇게 배치운은 역사의 소용돌이 속에서 중국의 낯선 땅 탕원까지 흘러와 그 땅에서 모국 한국의 독립을 당당히 외쳤다. 그러나 불행하게도 그는 1933년 변절자의 밀고로 일본헌병대에 체포됐고, 결국 탕원현 일본헌병소에서 순국하고 말았다.

뒤뜰에 버려진 듯 서 있는 기념비는 절반가량이 땅 속에 파묻혀 있는 상태였다. 부끄러움과 죄송함에 어찌할 바를 모르고 멍하니 바라보고 서 있던 우리 일행은 서둘러 정신을 차리고 주위를 둘러봤다. 무엇이든 해야

했다. 우리는 주인에게 양해를 구하고, 삽과 물을 이용해서 땅 속에 박힌 밑 부분을 세상 위로 드러냈다. 글자 한 자 한 자를 물로 닦아내자, 오랜 시간 먼지에 감춰졌던 빛나는 이름들이 드러나기 시작했다. 앞면은 "배치운 등 12열사 희생지"로 음각이 돼 있었고, 뒷면은 열사들의 명단과 건립 주체, 건립 연도가 명기돼 있었다.

12열사 기념비를 열심히 닦고 있는 단장 김영신

현위 조직부 부장   최귀부
현위 위원   김성강
공산 당원   정중구, 손철용, 김대룡, 이진구, 임국진
공청 단원   석광배, 손명옥, 김봉촌
혁명 군중   유인화
중공탕원현휘
탕원현인민정부
1982년 9월 입(立)

'배치운, 최귀부, 김성강, 정중구, 손철용, 김대룡, 이진구, 임국진, 석광배, 손명옥, 김봉촌, 유인화…….' 12열사의 이름을 가슴에 새기고, 또 새기며 무거운 발걸음을 돌렸다.

사라진 송동모범학교의 흔적을 찾아서
– 송동모범학교 터(오동교)

우리의 답사에는 숨겨진 동행자들이 있다. 11일부터 우리와 함께해 주고 있는 든든한 '인간 내비게이션' 허영길 선생, 필자와 수차례 동북 지역을 답사한 베테랑 운전수 김태선 기사, 그리고 고된 답사 길을 힘차게 달려주고 있는 우리의 애마 '답사 차'다. 우리 답사단은 중국에서 만든 현대자동차 '루이펑(瑞鳳)'을 답사 차로 주로 애용했다. 그런데 송동모범학교 터로 가는 길에서 묵묵히 제몫을 다해주던 차가 계속된 강행군에 더 이상은 못 참겠다는 듯 투정을 부리기 시작했다. 차에 이상 징후들이 나타

나기 시작한 것이다. 차에 몸을 의지해 가는 사람도 이렇게 지치는데, 사람과 짐을 잔뜩 실고 중국의 넓고 거친 땅을 여기서 저기로 이리저리 이동하는 차는 얼마나 힘이 들겠는가? 우리는 차도 점검할 겸 잠시 쉬어 가기로 결정했다. 어쩌면 차를 핑계 삼아 지친 우리들이 쉬고 싶었는지도 모른다.

우리 일행과 차는 그렇게 삼강평원의 한복판에서 꿀맛 같은 휴식 시간을 가졌다. 그렇게 쉬다 보니, 빠듯한 일정으로 잠시 잊고 있던 허기가 무섭게 밀려왔다. 사실 우리 일행은 일정에 쫓겨 이전 답사지에서 점심을 먹지 못한 채로 출발한 상황이었다. 하얼빈 숙소에서 아침을 조금 먹고 나온 것을 내내 후회하고 있었다. 그때 김태선 기사가 가방에서 주섬주섬 무언가를 꺼내 놓았다. 비상식량으로 준비해 왔다는 한국 라면이었다. 그때의 그 감동이란! 라면을 보는 순간 일행은 일제히 '와!' 하고 소리쳤다. 차 트렁크에서 휴대용 가스버너와 냄비를 꺼내 와 보글보글 라면을 끓이기 시작했다. 삼강평원 벌판 위로 한국의 매운 냄새가 퍼져갔다.

우리는 차에 있던 몇 가지 음식들을 더해 삼강평원에 늦은 점심 식탁을 차렸다. 주 메뉴는 '라면', 반찬은 짭조름한 중국 '작채(柞菜, 짜차이)', 음료는 시원한 하얼빈 맥주! 그렇게 우리는 탁

하얼빈 맥주와 라면

트인 삼강평원 레스토랑에서 잊지 못할 점심을 먹었다.

이날의 잊지 못할 식탁에는 한 가지 메뉴가 더 있었다. 바로 '짝태'다. 한국인들에게는 다소 생소한 음식인 짝태는 북한이나 러시아에서 잡힌 명태를 연변식으로 덕장에서 말린 것을 말한다. 황태와 코다리의 중간 형태라고 보면 되는데, 간이 돼 있어 맥주 안주로는 그만이다. 그냥 먹어도 맛있는 짝태지만, 소스까지 찍어 먹으면 그 맛이 더욱 일품이다. 연변식 소스는 크게 두 가지인데, 하나는 고추기름에 간장과 고춧가루를 섞은 것으로 약간 맵고, 다른 하나는 연변식 조미료와 고춧가루 그리고 식초를 배합해서 만든 것이다.

하지만 우리가 있던 곳은 삼강평원 허허벌판이었기에 이런 소스는 꿈도 꿀 수 없었다. 아쉬움을 달래며 그냥 먹으려고 했는데, 김태선 기사가 잠깐만 기다려 보라고 했다. 그리고는 남은 라면 스프와 맥주를 이리저리 섞어 '뚝딱' 하고 소스를 만들었다. 이날 김태선 기사가 만들어준 마법 소스(?)는 짝태의 풍미를 더해주기에 전혀 부족함이 없었다. 그 때문일까? 이 글을 쓰고 있는 지금도 그날 먹었던 짝태가 눈앞에 어른거린다.

배를 든든히 채우고 나니, 그제야 좀 살 것 같았다. 고된 여정에 지친 우리의 몸과 마음을 달래주기에는 더없이 훌륭한 음식들이었다. 차도 휴식시간이 만족스러웠는지, 다시 출발한 길을 불평 없이 매끄럽게 달려갔다. 차창 너머로 추수가 끝난 들판에 농부들이 들불을 놓고 있는 모습이 보였다. 불이 저절로 꺼질 때까지 태운다고 한다. 만주의 두 개 평원 가운데 하나인 삼강평원이 얼마나 광활한 대지인지를 실감하게 하는 부분이다. 그렇게 한참을 더 달려 목적지인 송동모범학교 터, 정확히 말하면 '오동교'에 멈춰선 일행은 GPS를 꺼내 위치를 확인했다.

오동교에 내리자, 일행 가운데 한 명이 나지막이 "아무것도 없네……."라고 중얼거렸다. 현재 송동모범학교의 눈에 보이는 흔적은 찾을 길이 없다. 정확한 위치도 알 수가 없다. 다만, 오동하의 물줄기가 휘몰아친 곳에 최용건(崔鏞建), 채평, 이춘만 등이 이주 한인들을 위해 송동모범학교를 설립했다는 정보로 미루

송동모범학교 터

오동하교 표식

어 여기 어딘가에 우리 아이들이 뛰어논 학교가 있었을 것이라고 추측해 볼 뿐이다. 오늘날 오동교는 사라진 송동모범학교의 희미한 이정표 역할을 하고 있는 것이다.

이곳 탕원현 오동하 지역에는 1927년 한인 300여 호가 정착하면서 마을이 형성됐으며, 한인들은 이곳에서도 항일무장단을 조직해 독립운동을 전개했다. 최용건 등이 송동모범학교를 설립한 것도 이러한 배경에서 비롯된 것이다.

송동모범학교는 이주 한인 자제들을 위한 교육 공간이자, 이주 한인 공동체의 회합 장소였다. 이 학교의 졸업생 가운데 대표적인 인물로는 배치운, 김성강, 항일연군 제6군 제1사 정치부주임 서광해(徐光海), 제6군 제3사 정치부주임 오일광(吳一光), 제6군 제1사 사장 마덕산(馬德山) 등이 있다.

만주사변이 발발한 1931년 8월, 대규모 홍수가 일어나 오동하가 범람했다. 이에 일대의 한인촌이 전부 황폐화됐고, 송동모범학교도 이때 운명을 다한 것으로 추정된다. 오동교마저 없었다면, 우리는 역사의 거센 물살 속에 잠긴 송동모범학교를 이마저도 기억할 수 없었을 것이다.

다리 아래로 내려가 주변을 천천히 돌아본다. 분명 눈앞에 보이는 건 석양에 노랗게 빛을 바라는 오동하의 넓은 벌판뿐이다. 잠시 눈을 감아본다. 그리고 눈앞에 송동모범학교와 한인촌의 정겨운 가을 전경을 그려본다. 눈에 보이는 유형의 자산만이 우리 역사의 소중한 보물은 아닐 것이다. 눈에 보이지는 않지만, 더 이상 눈으로는 볼 수 없지만, 우리의 역사를 가슴속에 유형의 자산으로 만들 수 있는 우리가 돼야 하지 않을까 하는 생각을 해본다. 눈을 떠보니, 어느덧 석양이 우리 일행을 바짝 뒤쫓고 있었다. 빠르게 달려오는 석양에 쫓겨 다음 목적지인 가목사로 발걸음을 재촉했다.

오동하의 황금빛 벌판을 뒤로하고, 가목사 시내로 방향을 틀었다. 그렇게 가목사에 도착한 우리 일행은 내일 답사 일정을 점검하면서 간단히 저녁식사를 하기로 했다. 저녁 메뉴는 중국 동북 현지 요리들로 선택했다.

그중 하나는 한국에는 없는 마른 두부(깐도푸)를 돼지고기와 함께 기름에 재빨리 볶아 만드는 '차오깐도푸'(건두부 볶음)다. 먹어도 먹어도 물리지 않는 중국 음식 가운데 하나다. 실제로 답사 기간 내내 가장 많이 먹은 음식이기도 하다. 또 하나는 조선족들이 즐겨먹는 '석판 두부'다. 두부를 길고 가늘게 잘라 돌판에 넣고 다진 양념을 넣어 끓여 내는 것인데, 밥과 함께 먹으면 든든하기 그지없다. 두 요리 모두 강력 추천할 수 있는 동북 음식이다.

　오늘 하루 점심식사도, 저녁식사도 모두 만족스럽게 해서인지, 숙소에서 금세 달콤한 잠에 빠져들었다.

송동모범학교의 흔적을 고스란히 머금고 있는 삼강평원과 송동모범학교 터

아롱치
자란툰
치치하얼
탕원
용강
가목사
자라
터치
하얼빈
송원
채가구
호화호특
섬파
오원
북경

5. 송화강변의 큰 도시 가목사와 하얼빈

〈답사 일 : 2007년 10월 17~18일〉

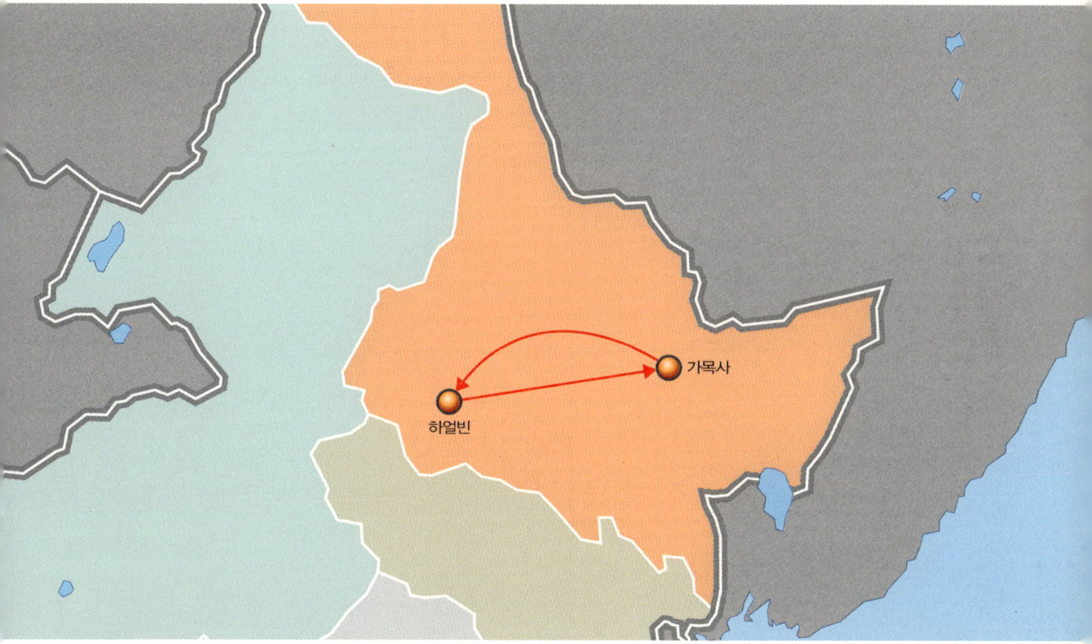

화광학교 터/ 강철구 순국지 가목사 감옥/ 삼도리화 연구소 터/ 우의궁 호텔/ 안중근 기념관/ 정율성 기념관

가목사

– 화광학교 터/ 강철구 순국지 가목사 감옥/ 삼도리화 연구소 터

가목사(佳木斯, 자무쓰)! 동북 지역의 지명은 중국 관내와는 또 다른 느낌을 준다. 가목사도 그중 하나다. 가목사는 만주어로 '역관촌(驛館村)'이라는 뜻이다. 가목사는 청나라 때부터 한족과 만주족이 이주해옴에 따라 개발되기 시작했다.

가목사시에서 바라본 송화강

　송화강을 중심으로 형성된 가목사는 수운이 발달한 곳이었다. 20세기 중반까지 흑하(黑河)의 배가 흑룡강(黑龍江)을 타고 동강(同江)을 거쳐 송화강변의 도시 가목사에 도착했다. 하얼빈까지 큰 배가 다녔음은 두말할 필요도 없다. 하지만 인간의 끝없는 욕심은 동토의 땅 흑룡강을 파괴시켰다. 물이 부족해지면서 러시아와 중국 간의 소통은 가목사에서 멈췄다.

만주국 시기 가목사는 만주국 정부의 적극적인 지원으로 흑룡
강성 동부의 그 어느 도시보다 빠르게 성장할 수 있는 토대를 마
련했다. 가목사는 삼강평원의 꼭대기에 위치해 러시아와 물자
교류를 원활하게 할 수 있는 곳이라는 경제적인 측면과 일본의
무장이민이 북만 지역에 광범위하게 진행됨에 따라 정치적인 측
면에서 모두 중요한 지역이었다. 이를 위해 가장 필요했던 것은
교통로의 확보였다. 1940년 4월 14일 '청진-목단강-가목사'
간의 직통 철도가 개통됐고, 일본의 제국주의 촉수는 철길을 타
고 빠르게 확산됐다.

2007년 10월 17일 날씨는 영하 10도 가까이 내려갔다. 차가
운 공기로 가득한 가목사에서 우리가 첫 번째로 찾은 곳은 『동
아일보』 기사에 나오는 '화광(和光)학교'였다. 허영길 선생의 안
내에 따라, 서림(西林)공원을 중심으로 1920년대 가목사 지역 한
인들의 유일한 초급 교육기관이었던 화광학교 터를 찾아 나섰
다. 서림공원 중앙에는 1945년 8월에 세워진 거대한 '열사기념
탑'이 서 있었다. 동북 중소 도시 어디서나 볼 수 있는 광경이다.

서림공원 앞 도로명은 '중산로(中山路)'다. 중국 대도시뿐 아니라,
중소 도시의 도로명 가운데 꼭 있는 이름이 바로 이 중산로다. '해
방로'도 이에 버금갈 정도로 많긴 하지만, 중산로야말로 중국 도시
도로명 순위 1위다. 화광학교 터는 중산로와 행림로(杏林路)의 교차
로에 위치하고 있었다. 그런데 놀랍게도 사라진 화광학교 자리에
는 여전히 아이들이 있었다. 우리가 도착했을 당시 화광학교 터에
는 '가목사시 실험유치원'이 들어서 있었다. 궁전처럼 크고 화려
한 외관이 이곳이 유치원이라는 사실을 마음껏 뽐내고 있었다.

서림공원 내 열사기념탑

현재 가목사 실험 유치원으로 쓰이고 있는 화광학교 터

만주국 시기 화광학교는 학생 수급이 여의치 않아 곤란한 지경에 빠졌다. 현지인들의 모금운동이 전개됐을 정도였다. 화광학교의 이 같은 처지는 만주국 시기 민족교육을 실시하는 것이 얼마나 어려운 일이였는가를 짐작할 수 있게 한다. 당시 1939년 8월 19일자 『동아일보』는 화광학교의 운영난을 다음과 같이 보도했다.

우리 아동의 유일한 교육기관인 화광학교는 교사난과 교육 용구난에 봉착하여 학생들의 수용과 교수에 심히 곤란을 느껴 오던 바 최근에 이 학교의 후원회가 조직되고 활동이 전개되어 불원한 장래에 새로운 서광이 뻗히게 되었다.

서림공원에서 바라본 화광학교 터 전경

오늘날 화광학교는 사라졌지만, 그 자리에 한족들의 기초 교육을 담당하는 유치원이 들어선 것은 과연 우연의 일치일까? 나는 화광학교의 교육 정신이 그 자리에서 지금도 계속 이어지고 있다는 생각을 지울 수 없었다. 궁전 같은 유치원 건물 어딘가에서 한글 읽는 소리가 들릴 것만 같았다.

다음으로 우리는 가목사에서 활동하고 이곳에서 순국한 강철구의 흔적을 찾아 나섰다. 독립운동가 강철구(姜鐵求, 1894~1943)는 1894년 충남 부여에서 태어났다. 1917년 대종교에 입문한 그는 곧바로 중국으로 건너가 연길현 동불사에 위치한 천영(天英)학교에서 한인 2세 교육에 전념했다. 그러다 1920년 1월 북로군정서 총재 서일(徐一)과 뜻을 같이하기로 하고 그의 비서로 활동했으며, 이후에도 '군자금 모집'이라는 독립운동단체의 생명줄과 같은 중책을 수행했다. 그러던 중 1922년 서울에서 군자금 모집 활동을 전개하다가 일경에 체포돼 3년간 옥고를 치렀다. 하지만 이것도 독립에 대한 그의 열정을 가로막지는 못했다. 이후에도 그는 활발한 활동을 전개해 나갔다. 1939년 안희제(安熙濟)와 함께 '대종교 서적 간행회'를 조직했으며, 1942년에는 고도(古都) 동경성(東京城)에 '천전(天殿)'을 세울 것을 계획했다. 그러나 안타깝게도 이때 강철구는 만주국 경찰에 체포돼 가목사 감옥에서 순국하고 만다.

그가 순국한 가목사 감옥을 찾는 일은 생각보다 쉽지 않았다. 몇몇 현지인들에게 가목사 감옥의 위치를 물어보면, 지금 감옥만 이야기할 뿐 정작 우리가 찾고 있는 해방 전 감옥에 대해서는 잘 알지 못했다. 현지를 안내해 주기로 한 분이 갑작스러운 사정으로 나오지 못하게 돼 더 답답한 상황이었다.

못난 후손들이 헤매고 있는 모습이 안타까웠던 그가 도운 것인지, 천신만고 끝에 우리는 겨우 해방 전 가목사 감옥과 마주할 수 있게 됐다.

1943년 강철구가 숨을 멈춘 곳이다. 감옥 앞에 선 우리 일행은 한참 동안 아무 말도 할 수가 없었다. 차가운 바람이 감옥과 일행의 마음을 할퀴고 지나갔다. 2006년 새 감옥이 개소되면서 이전 감옥은 사용하지 않고 있었다. 입구에 '흑룡강성 가목사 감옥' 이라는 간판만 그대로 걸려 있었다. 행정 처리가 아직 안 된 모양이었다. '안경가(安慶街) 188호.' 철길 옆에 자리 잡은 가 목사 감옥의 주소다.

　세상과 고립된 경계선을 넘어 안으로 들어서자, 정문 오른쪽에 경비 초소, 앞쪽에 본관 건물과 부속실이 보였다. 정문을 통과해서 오른쪽으로 조금 더 들어가 보니 제6구역과 제7구역 감옥 현판이 눈에 들어왔다. 알 수 없는 강한 이끌림에 안으로 한 걸음 더 들어서려던 순간, 경비 초소의 직원이 일행 앞을 막아섰

가목사 감옥 정문. 현재는 감옥으로 사용되고 있지 않다.

가목사 감옥 제 6구역

가목사 감옥 제 7구역

다. 우리는 그에게 이곳이 한·중 양국 항일 공동투쟁의 현장이
라고 말하며, 건물 내부와 현장 답사를 허락해 줄 것을 간곡히 부
탁했다.

그런데 경비는 '이 사람들 뭐지?' 하는 눈빛으로 의아한 듯
우리 일행을 바라봤다. 그도 그럴 것이 한국인들이 한 번도 찾아
오지 않은 이곳에 느닷없이 찾아와서 '한중우의' 니 어쩌니 하
니, 그의 입장에서는 황당했을 것이다. 우리는 다시 한 번 그에
게 여기에서 한국 독립운동가들이 순국했음을 전하고, 한·중
양국이 공동으로 항일투쟁을 했다는 사실을 설명했다. 간절한
마음이 전해졌던 것일까? 우리의 이야기를 다 듣고 난 후, 그는
고개를 끄덕이며 우리의 청을 허락해줬다. 심지어 자신이 직접
앞장서서 건물 여기저기를 소개시켜 주기까지 했다.

제6감옥 앞에서, 이곳 또는 제7감옥 아니면 그 밖의 감옥에서
수형생활을 했을 강철구를 비롯한 독립운동가들에게 "저희들이
너무 늦게 찾아뵙습니다. 감사하고 죄송합니다"라고 고개 숙여
인사를 드렸다.

우리가 방문했을 당시 감옥 안에는 일반인들이 몇 명 거주하고
있었는데, 우리의 방문이 신기했는지 일행을 힐끔힐끔 보기도 하
고 졸졸 쫓아다니기도 했다. 현장 직원에게 거듭 고맙다는 인사
를 건네고, 강철구를 비롯한 수많은 우리의 독립운동가들이 넘을
수 없었던 그 경계선을 넘어 세상 밖으로 나왔다. 그들을 남겨 둔
채 우리만 빠져나온 것 같아 쉽게 발길이 떨어지지 않았다.

죽음으로 가는 관문이었던 삼도리화 연구소 입구

124

삼도리화 연구소 터

만주국 삼강성(三江省) 경무청 특무과장 겸 삼강성 보안국 이사관 '도춘(島春)'이 직접 관할하고, 일본인 '대도(大島)', '복도(福島)'가 관리한 이곳은 이 세 일본인의 이름에 있는 '도(島)' 자를 따서 '삼도리화 연구소'라 불렸다. 1945년 8월 11일 일제는 패망을 앞두고 삼도리화 연구소 인원 41명을 학살했는데, 이 가운데는 한인들도 다수 포함돼 있었다.

우리 일행은 삼도리화 연구소의 흔적을 찾기 위해 가목사시 향양구(向陽區) 만발촌민위원회를 중심으로 계속 탐문했지만, 지금은 대부분 비닐하우스 촌으로 변해 안타깝게도 그 흔적을 찾을 수 없었다. 비록 삼도리화 연구소의 흔적은 직접 확인할 수 없었지만, 앞서 가목사 감옥을 보고 온 터라 삼도리화 연구소가 얼마나 끔찍한 모습이었을지 조금이나마 짐작해볼 수 있었다. 가슴 찢어지는 우리 역사의 현장을 뒤로하고 가목사시를 벗어난 일행은 우리 역사의 또 하나의 중요한 현장인 하얼빈으로 향했다.

하얼빈

– 우의궁 호텔/ 안중근 기념관/ 정율성 기념관

　　나는 하얼빈 지역을 답사할 때면 늘 '우의궁(友誼宮) 호텔'에서 묵곤 한다. 하얼빈시를 도도히 흐르는 송화강변에 자리 잡은 우의궁 호텔이 주는 아늑함과 특별함이 있기 때문이다. 이번 답사에서도 우의궁 호텔은 지친 한국의 객들을 따뜻하게 맞아주었다. 우의궁의 원래 이름은 '중소우의궁(中蘇友誼宮)'이었다. 1954년 건립된 우의궁은 하얼빈시 국빈관과 흑룡강성 국제회의 센터로서의 기능도 담당하고 있다. 특히 중국의 녹색호텔로 지정돼 세계호텔협회에서 수여되는 국제음식명점으로 당당하게 이름을 올렸다고 관계자들이 재차 강조했다.

　　우의궁 호텔의 아침은 새벽시장과 시민들의 체조 열기로 문을 연다. 특히 한겨울 영하 30도 전후의 강추위에도 아랑곳하지 않

러시아에서 건축한 우의궁 호텔 전경. 몇 차례 증개축하여 중국풍이 강하다.

고 삶의 위대함이 무엇인지 영화의 한 장면처럼 보여주는 시장의 풍경은 보는 이들을 감동시킨다. 장터 뒤편에 마련된 5km 정도의 조깅로에서는 한국에서 쉽게 볼 수 없는 장면들이 연출된다. 묘기에 가까운 중국 제기차기도 그중 하나다. 태극권과 채찍 무예 등도 일상적으로 볼 수 있는 광경이며, 겨울철에는 1m 두께의 송화강 얼음을 깨고 목욕하는 기인들의 모습도 심심찮게 볼 수 있다.

일반적으로 우리는 중국 대표 맥주 하면 '청도(칭따오)'를 떠올리기 쉽다. 하지만 하얼빈 사람들에게 이렇게 말하면 큰 실례다. 그들에게 중국 최고의 맥주는 '하얼빈 맥주'기 때문이다. 실제로 생산연도 측면에서는 하얼빈 맥주가 1902년으로 청도 맥주보다 1년 빠르다. 우의궁 호텔에서 5분 거리에는 하얼빈 맥주를 제대로 즐길 수 있는 중앙대가(中央大街)가 있다. 이곳에서는 러시아 풍의 건물과 사람들을 볼 수 있다. 하얼빈이 러시아의 영향을 깊이 받은 곳임을 증명해주는 장소다. 맥주를 마시며, 그 유명한 소피아성당의 아름다운 자태도 감상할 수 있다.

한국인들에게 하얼빈은 중국의 여러 지명들 가운데서도 특히 익숙한 곳이다. 여기에는 한 인물이 크게 영향을 미쳤다. 바로 '안중근 의사'다. 1909년 10월 26일

문화대혁명 때 소실 위험을 넘긴 하얼빈의 대표적 근대건축물 소피아성당

9시 30분, 안 의사의 손끝에서 시작된 이토 히로부미에 대한 우리 민족의 응징은 한국인들뿐 아니라 중국인들의 가슴속에도 깊이 각인됐다. '진감세계(震撼世界)'는 세계를 울려 감동시켰다는 뜻의 중국어인데, 안 의사의 하얼빈 의거를 한마디로 압축하는 데 부족함이 없는 단어라고 생각된다. '할빈시 조선민족예술관' 2층에는 안중근 기념관이 마련돼 있다.

할빈시 조선민족예술관은 1950년 1월 2일에 설립된 곳으로 하얼빈시 문화국 산하에 있다. 설립 당시 명칭은 '하얼빈 조선인민문화관'이었으며, 1952년에 '하얼빈시 조선족문화관'으로 개칭됐다가 1987년에 이르러 지금의 이름으로 정착됐다. 2006년 7월 1일 지금의 안승가(安升街) 85호로 이전하면서 안중근 기념관이 새롭게 꾸려졌다.

2007년 10월 18일, 어젯밤 하얼빈에 늦게 도착한 탓에 조금 늦장을 부리고 싶은 아침이기도 했지만, 하얼빈에서의 오늘 답사가 이번 답사의 마지막 일정이었기 때문에 여유를 부릴 시간

哈尔滨市
할빈시
朝鮮民族艺术館
조선민족예술관

이 없었다. 그래서 서둘러 우의궁 호텔에서 나와 '할빈시 조선 민족예술관'으로 향했다. 조금은 이른 방문에도 답사단을 반갑게 맞아주신 강월화 부관장(후에 관장이 됨)은 민족 사업에 큰 자부심을 가지고 있었다.

"지금 우리가 이렇게 열정적으로 민족사업을 추진할 수 있게 된 데는 서학동(徐鶴東) 하얼빈시 문화국 부국장의 역할이 컸습니다. 절대적이었지요."

"현재 어떤 사업을 추진하고 계시나요?"

"예술단 공연과 전통문화 보존 관련 행사들을 하고 있습니다. 특히 1987년에 창단된 예술단은 한국과 일본에서도 공연을 했을 정도로 실력이 뛰어납니다."

"향후 계획하고 계신 사업이 있다면 어떤 것이 있나요?"

"2009년에는 '정율성 기념관'을 설립할 예정입니다."

강월화 부관장은 "조선민족예술관은 한중우의의 바로미터"라고 힘주어 말했다. 조선민족예술관은 7층 규모의 웅장한 모습을 하고 있었는데, 2층에 안중근 기념관이 자리하고 있었다. 안중근 기념관은 하얼빈의 조선족들이 그들의 힘으로 만들어낸 곳이라는 점에서 그 의의가 더욱 크다고 할 수 있다.

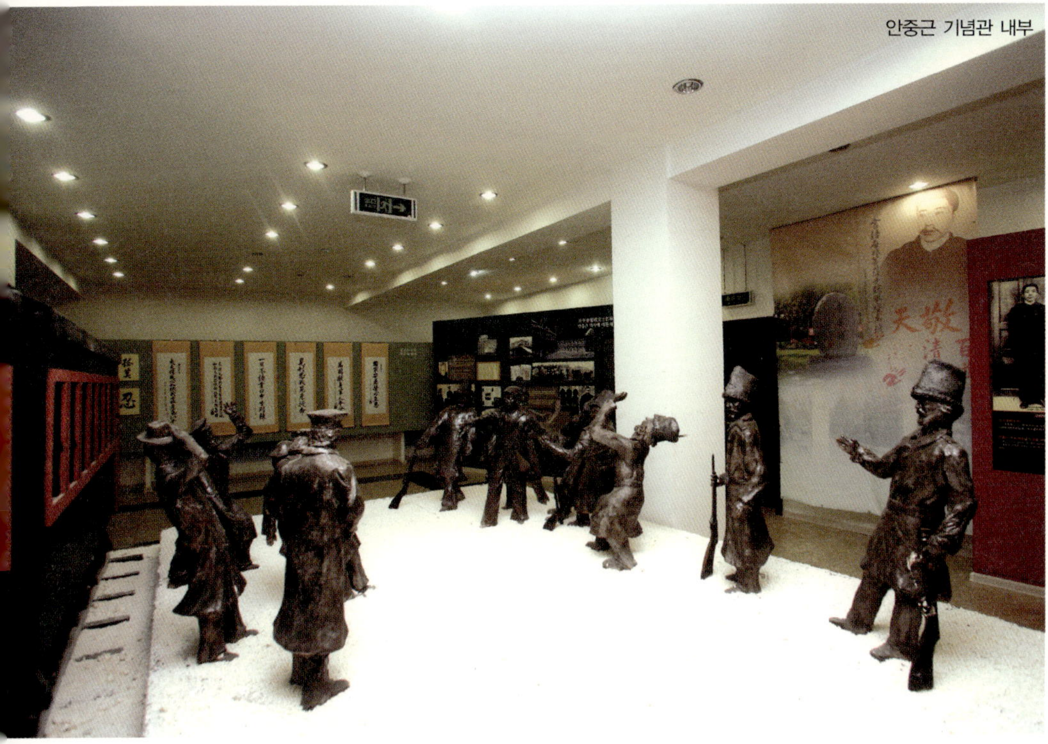

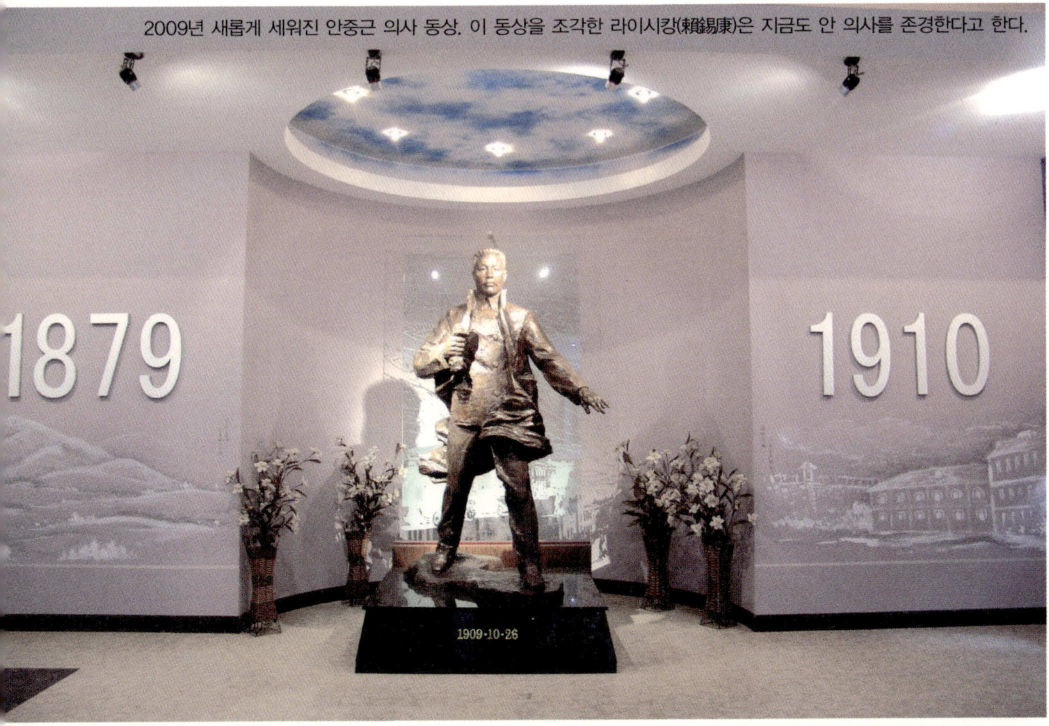

2009년 새롭게 세워진 안중근 의사 동상. 이 동상을 조각한 라이시캉(賴錫康)은 지금도 안 의사를 존경한다고 한다.

'하얼빈' 하면 한국인들에게는 안중근 의사가 가장 먼저 떠오를 것이다. 이렇게 한국인들에게는 '하얼빈=안중근' 등식이 성립하고 있다. 그러나 아이러니하게도 정작 안중근 기념관은 한국인이 아닌 조선족들의 열정으로 마련됐다. 한국인들과 달리 조선족들은 행동으로 안중근에 대한 사랑을 보여줬다. 그들은 중국의 저명한 인물들, 예를 들면 손문, 주은래 등이 안중근 의사를 평가한 글을 찾아 세상에 알리는 데 힘썼다. 그것이 중국정부를 움직였고, 그 결과로 하얼빈에 안중근 기념관이 마련된 것이다. '정율성 기념관'도 마찬가지다.

강월화 부관장의 말대로 이후 2009년 7월 '정율성 기념관'이 개관했다. 여기서 잠시 한국에서는 잊혀진 인물이지만, 중국에서는 기념되고 있는 '정율성'은 과연 누구인지 살펴보기로 하자.

정율성(鄭律成, 1914~1976)은 1914년 음력 7월 7일 광주시 양림동에서 부친 정해업(鄭海業)과 모친 최영온(崔英溫) 사이의 4남 1녀 가운데 막내로 태어났다. 독립운동가인 형들에게 영향을 받은 그는 독립운동에 참여하기 위해 1933년 상해로 망명한다. 이후 김승곤(후일 광복회장) 등과 함께 조선혁명간부학교 제2기생으로 독립운동 전선에 참여했다. 그는 이때 주로 군사, 정치학 등을 교육받았다. 정율성은 교과목을 이수하는 과정에서 〈국제가〉, 〈적기가〉, 〈소년선봉가〉, 〈최후의 결전〉 등을 애창하는 대원들의 모습을 보면서 혁명가요 창작에 관심을 갖기 시작했다. 어려서부터 음악에 뛰어난 재능을 보인 그였기에 이것은 어쩌면 당연한 일이었다. 그는 독립운동에 참여하면서도 음악에 대한 끈을 놓지 않고 시간이 날 때마다 혁명가요 창작에 대한 열정을 보였다. 1934년 간부학교를 졸업한 그는 다른 동창생들이 만주지역으로 파견될 때, 남경에 체류하면서 일본인 정보 수집 활동에 참여했다.

정율성은 1937년 당시 중국공산당의 근거지이자 중국이 혁명의 성지라 자랑하는 섬서성 연안(延安, 옌안)에서 〈연안송〉과 〈중국인민해방군가〉를 작곡했으며, 이때 평생의 반려자인 정설송

정율성과 그가 작곡한 연안송 원본(정율성 기념관 소장)

(丁雪松, 띵쉬에송)을 만나게 된다. 정설송은 훗날 '중국의 초대 여자 대사(덴마크)' 라는 타이틀을 얻는다. 정율성과 정설송은 사랑의 결실로 정소제(鄭小提)라는 딸을 얻게 되는데, '소제(小提)' 는 중국어로 '바이올린' 이라는 뜻이다. 이 이름에는 남다른 사연이 있다. 그들이 연안에서 항일에 참가할 무렵, 딸이 병에 걸려 생사를 오가게 됐다. 그때 정율성은 그가 아끼던 바이올린을 팔아 딸의 생명을 살렸다. '정소제' 라는 이름은 그렇게 해서 붙여진 것이다. 노신학원의 음악교수였던 정율성에게 부인과 딸은 그의 삶의 전부였다.

2009년 10월 1일 중국의 심장인 북경 천안문 광장에서 중화인민공화국 성립 60주년 행사가 진행됐는데, 이 행사에서 정율성

정율성 기념관. 정율성 가족의 단란한 한때(왼쪽 상단)

이 작곡한 〈중국인민해방군가〉가 연주됐다. 정율성은 중국인들에게는 〈연안송〉, 〈중국인민해방군가〉 등으로 매우 익숙한 인물이다. '중국인민항일전쟁기념관' 벽면에는 〈중국인민해방군가〉가 크게 새겨져 있고, 중국 교과서에도 그가 작곡한 곡들이 수록돼 있다. 중국인들에게 정율성은 '신 중국 창건 영웅' 100명 가운데 한 명으로 선정돼 기념되고 있다. 중국인들은 우리가 잊은 그를 선명하게 기억하고 있었다.

2009년 10월 26일 하얼빈 조선민족예술관에서 거행된 '안중근 의사 의거 100주년 기념식'에서 나는 정율성의 딸 정소제와 잠시 이야기를 나눌 수 있었다. 그녀는 아버지 정율성을 위한 기념관이 개관된 것을 무척 기뻐하며, 서학동 하얼빈시 문화부국장의 열성이 없었다면 불가능한 일이었다고 말했다. 정율성 기념관은 부인 정설송이 거주하고 있는 북경과 하얼빈을 오가면서 모은 자료가 모여 탄생된 것이기 때문이다.

우의궁 호텔과 길 하나를 사이에 두고 송화강가에 세워진 2층 규모의 정율성 기념관은 하얼빈 군인 구역 건물을 개조해 만든 것이다. 훗날 방문한 정율성 기념관에서 개인적으로 가장 인상 깊었던 곳은 전시실의 마지막 코스였다. 이곳에서는 정율성의 육성을 들을 수 있다. 그런데 특이하게도 그는 외국 번안곡 〈메기의 추억〉을 부르고 있었다.

"옛날에 금잔디 동산에……."

그의 목소리로 듣는 〈메기의 추억〉은 가슴을 먹먹하게 했다. 자신이 뛰놀던 고향 산천을 평생 가슴에 품고 살아간 조국을 잃은 예술가, 아니 조국이 잃어버린 한 예술가의 진한 외로움이 느껴졌다.

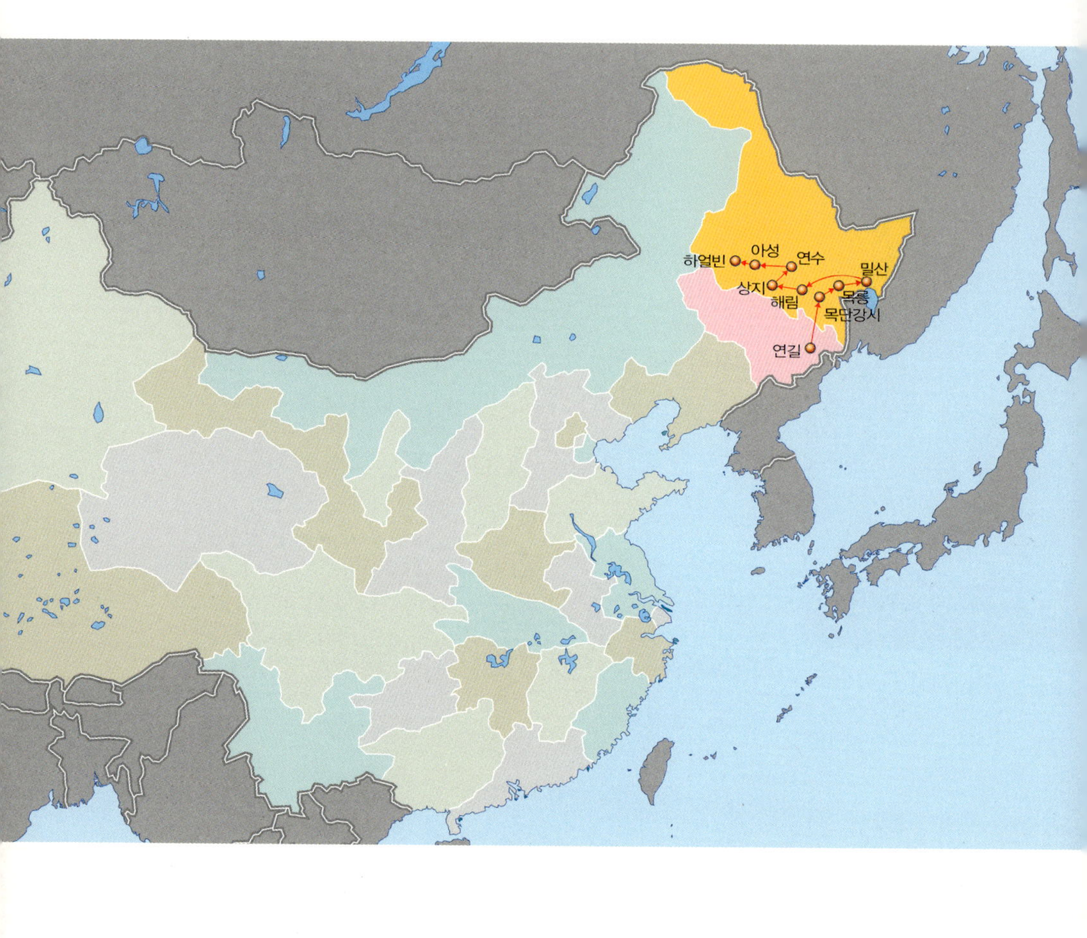

하얼빈
아성
연수
밀산
상지
해림
목릉
목단강시
연길

6. 또 하나의 독립운동기지, 밀산

〈답사 일 : 2008년 8월 17~20일〉

팔녀투강기념상/ 대흥학교 터/ 서일 순국지/ 한흥동/ 홍범도 고랑/ 김성무 근무지 '밀산관립소학교' /
연변조선족자치주 초대 주장 주덕해와 '4열사 묘비' / 주수일 묘

밀산으로 가는 길, '목단강시와 목릉'
– 팔녀투강기념상

2008년 8월 중국은 날씨만큼이나 뜨거웠다. '2008 북경올림픽'으로 온 나라가 떠들썩했기 때문이다. 대륙의 열기가 올림픽으로 더욱 뜨겁게 달아오른 이때, 우리는 그들과는 조금 다른 뜨거움을 가슴에 품고 답사 길에 올랐다. 이번 답사에서는 흑룡강성 목단강(牡丹江, 무단장)시를 거쳐 동남부 지역인 밀산(密山, 미산)에서 해림, 상지(尙志, 상즈, 옛 주하), 연수(延壽, 옌소우), 현재는 하얼빈시에 편입된 아성(阿城, 아청) 지역을 조사하는 여정이 계획됐다.

개인적으로 세 번에 걸쳐 답사한 지역이지만, 제대로 준비해 가지 않은 답사 길의 한계를 여실히 느꼈기에 다시 한 번 복습을 한다는 차원에서, 아니 더 정확하게 말하면 마음 한구석에 남아 있는 부끄러움을 벗어던지기 위해 나선 것이다. 더불어 이전에 간 적 없던 새 조사지에 대한 기대감도 고된 답사 길에 다시금 나를 서게 만든 떨칠 수 없는 유혹이었다.

북경올림픽의 열기를 뒤로하고 2008년 8월 17일, 황민호 교수를 단장으로 필자와 사진 전문가 임공재, 유필규 연구원으로 구성된 답사단은 연변대학의 김태국 교수가 마중 나와 있는 연길 공항으로 향했다. 연길 공항, 엄밀히 말하면 '조양천(朝陽川) 국제공항'인 이곳에는 감동적인 사연이 숨어 있다. 1990년대 당시 연변조선족자치주 주장(州長)이었던 남상복은 연길에 공항을 유치하기 위해 북경 중앙정부에서 한 달 내내 빗질을 했다고 한다. 당시 동북에서 비행장을 가지고 있는 도시는 동북 최대 도시인 '심양'과 '장춘', '하얼빈' 정도였다. 따라서 당시로서는 소도시인 연길에 공항을 설치한다는 것은 꿈에도 생각할 수 없는 일이었다. 그러나 남 주장은 결코 포기하지 않았다. 결정권을 가지고 있는 관리들을 설득하기 위해 직접 북경 중앙정부를 찾아가 정성을 다해 차가운 바닥을 닦고 또 닦았다. 결국 그의 빗질에 공항 설립의 장애들이 하나 둘 쓸려 나가기 시작했고, 비로소 연길 공항이 세워졌다. 그리고 그의 열정과 수고 덕분에 우리 일행도 2008년 8월 17일 오전 11시, 이곳을 통해 편안하게 연길에 도착할 수 있었다.

연길 공항

황민호 교수의 지인이 식사를 대접하고 싶다며 일행을 양꼬치 식당으로 이끌었다. 꼬치와 온면으로 점심을 해결한 답사단은 조금 더 머물고 가라는 지인의 끈질긴 유혹을 겨우 뿌리치고, 오

후 2시경 이날의 숙소인 목단강시 '하와이 호텔'로 향했다. 한참을 달려 목적지에 도착한 시간은 어느덧 저녁 7시. 일행은 숙소에 짐을 대충 던져두고 허기를 달래기 위해 목단강시 한인거리로 나갔다. 다른 일행에 비해 목단강시를 방문한 경험이 많은 내가 가이드를 자청했다. 2005년경 형성된 한인타운은 한국과 중국의 문화적 거리가 가까워지고 있음을 단적으로 보여주는 장소다. 거리에 있는 크고 작은 한글 간판들이 이곳이 한인거리임을 실감케 한다.

"근데 '모격탕'이 뭐예요?"

일행 중 한 명이 거리에 걸린 간판을 보고 물었다. 한인거리에서는 한족들도 나름대로 한국과의 친근함을 표현하기 위해 한글식 간판을 쓰곤 한다. 문제는 '중국식 한글'이다. 문제의 '모격탕'은 '목욕탕'을 소리 나는 대로 적은 것이었다. 어느 한족의 귀여운(?) 실수 덕분에 일행 모두 한바탕 웃을 수 있었다.

일일 가이드가 된 나는 식사를 마친 일행을 이끌고 목단강시를 방문하면 자의 반, 타의 반으로 꼭 들려야 하는 '팔녀투강지'로 향했다. 목단강시 시민들이 외부인이 방문했을 때, 손님을 이끌고 가장 먼저 찾는 곳이 바로 팔녀투강지에 세워진 '팔녀투강 기념상'이다. '목단강시' 하면 '팔녀투강지', '팔녀투강지' 하면 '목단강시'를 떠올릴 정도로 유명한 이곳은 한국과 중국 양국 모두에 매우 중요한 의미를 지니고 있다.

목단강시 사회과학원 건물 근처에 세워진 거대한 조각물이 유

유히 흐르는 목단강을 바라보고 서 있다. 바로 '팔녀투강기념
상'이다. 한·중 공동항일투쟁의 상징물이라 할 수 있는 이 기념
상은 1938년 당시 총으로 무장한 일본군에 맞서 항거하다 목단
강에 투신한 동북항일연군 소속 여자 대원들의 희생을 기리기
위해 세워졌다. 기념상의 제자(題字)는 주은래(周恩來, 저우언라이)
총리의 부인인 여성 정치가 등영초(鄧穎超, 덩잉차오)의 글씨다. 여
기서 중요한 것은 '팔녀' 가운데 두 명이 조선인이라는 사실이
다. '김순애(金順愛)'와 '안순복(安順福)'이 그 빛나는 이름이다. 안
순복은 밀산 항일유격대원 박덕산의 아내로 밀산지역에서 활동
한 혁명열사이기도 하다.

팔녀투강기념상

중국 여성 정치가 등영초의 글씨로 유명한 팔녀투강기념상. 기념 촬영으로 분주한 목단강 시민들의 모습

　　팔녀투강기념상에 대한 중국인들의 자부심과 경외심은 상상을 초월한다. 북경 노구교에 위치한 중국인민항일전쟁기념관과 하얼빈의 동북열사기념관에서도 삽화로 이들의 항일투쟁을 기리고 있을 정도로 '팔녀 투강'은 중국의 항일투쟁의 상징 가운데 하나로 추앙받고 있다.

　　우리 일행이 방문했을 당시, 팔녀투강기념상은 여전히 온화한 미소로 사람들을 반겨주고 있었다. 그 앞에서 꼬마들이 부모들과 사진을 찍으며 연신 재잘거린다. 그 모습 뒤로 세워진 팔녀투강기념상이 그들의 행복을 포근히 안아주고 있는 듯 느껴졌다. 그녀들의 항일 정신은 여전히 살아서 오늘을 살아가는 사람들을

조선인의 상징인 한복 저고리를 입고 있는 기념상

지켜주고 있었다. 내가 이런 저런 상념에 잠겨 있는 동안, 사진
전문가 임공재는 열심히 셔터를 눌러댄다. 목단강은 이런 우리
를 한번 힐끗 바라보고는 수분하와 합쳐지는 곳을 향해 그저 유
유히 흘러간다.

　2008년 8월 18일 아침, 서둘러 채비를 갖추고 본격적인 답사
길에 올랐다. 일행을 태운 차는 예전의 목릉인 팔면통(八面通)을
향해 빠르게 달렸다. '목릉'은 우리나라와 인연이 깊은 지역 가
운데 하나다. 교통의 요지였기 때문에 많은 독립운동가들이 이
곳을 중심으로 활동했다. 추정 이갑(李甲)과 안중근의 동생인 안
정근(安定根)과 안공근(安恭根)도 이곳에서 생활했다. 춘원 이광수

(李光洙)는 목릉에 있던 이갑의 집을 방문한 당시 상황을 다음과 같이 묘사했다.

내가 물린(목릉)에서 추정 선생을 찾은 것이 바로 음력 정초였던가 싶다. 이때 물린에는 눈과 얼음뿐이었고, 춥기가 여간 아니었다. 추정이 거처하시던 방에는 카이핏도 깔지 않았고 창도 겹창이나 커어튼도 없고 가구라고는 추정이 앉은 안락의자 외에 목의자 2, 3개와 장지 하나 사이 둔 침실에 침대 하나쯤이었다고 생각한다. 침실과 거처실 사이에는 페치카가 있어서 침실로 아궁이가 나고 거처실은 서남향으로 창이 있어서 광선은 충분히 들어오고 아라사 사람의 집이니만큼 방이 춥지는 아니했다. 추정은 아침에 일어나서는 안락의자에 앉아서 저녁에 잘 때야 내리는 모양이었다.

추정 이갑이 병으로 요양하고 있던 시기 목릉의 상황이다. 이보다 앞서 언론인이며 독립운동가인 장도빈(張道斌)은 목릉에서의 생활을 다음과 같이 회상했다.

나는 그곳에 이갑 씨와 함께 있는 중에 안정근 씨를 만났는데 안정근 씨는 곧 안중근 씨의 영제(슈弟–필자 주)로서 그 모친 및 안중근 씨 처자와 함께 있다. 안 의사의 모친은 여자 애국자로서 매우 현명한 분이요, 안 의사의 부인은 수척한 몸에 병상이 있어 보이고 안 의사의 아들은 2명인데 장남은 10세 정도로 신체 쇠약하더니 추후에 들은즉 일찍이 사망하였다 하고 차남은 5, 6세가량인데 매우 건강하게 보였다.

목릉은 독립운동가들에게는 하나의 거점이었다. 안중근 의사의 거사 이후 그의 가족들이 목릉에 자리를 잡게 된 것도 이곳이 독립운동가들을 후원하기에 비교적 안전한 지역인 점이 고려됐기 때문이다. 이처럼 목릉은 한국독립운동사에 있어 매우 중요한 지역이었다. 그런데 아쉬운 대목이 하나 있다. 그것은 한국인 가운데 목릉의 한자를 제대로 알고 쓰는 사람이 많지 않다는 점이다. 한글로 '목릉'을 쓰고 한자로 변환시키면, 한자 사전에 '穆陵'이 뜬다. 이 때문에 대부분의 사람들이 중국 지명 목릉을 '穆陵'으로 알고 사용하고 있다. 하지만 정확한 표기는 '穆棱'이다.

왜 이런 일이 발생하는 것일까? 그 해답은 조선시대 왕릉에서 찾을 수 있다. 경기도 구리시에 있는 조선 선조와 비(妃) 의인왕후 및 계비(繼妃) 인목대비의 능을 합쳐 '목릉'이라 부른다. 한국사에서 세 곳의 능을 합칭해 부르는 능은 아마 목릉이 유일할 것이다.

문제는 〈한글과컴퓨터 한글〉에서 한자 단어를 등록할 때, 조선시대 왕릉인 목릉(穆陵)만 등록했기 때문에 일어난 현상이다. 내비게이션에 행선지를 입력하고 지시에 따라서 수동적으로만 움직이다 보니, 점점 길치가 돼 가는 씁쓸한 현실과도 같다. 모두 지나치게 기계에 의존하면서 생긴 폐단이다. 중국인들이 자신들의 소중한 지명이 한국에서 이렇게 잘못 쓰이고 있다는 사실을 알게 된다면 기분이 어떻겠는가? 이는 입장을 바꿔서 한 번만 생각해 보면 쉽게 답이 나오는 문제다. 하루빨리 바로잡아야 할 일이라고 생각한다.

나는 이번 답사 이전에 목릉에서 특별한 만남을 가진 적이 있다. 2002년 12월 14일 목릉 조선족중학교 박 선생님과의 만남이 그것이다. 선대의 고향이 경북 영천이라 그런지 반쯤 섞인 경상도 말투를 쓰던 박 선생님은 한국 경제의 발전으로 조선족들이 그 덕을 보고 있기는 하지만, 한국의 '중국 조선족'에 대한 낮은 눈높이는 심각한 문제라고 지적했다. 일리 있는 말이었다. 물론 많이 교정되긴 했지만, 아직까지도 목릉 박 선생님이 지적하신 중국 조선족에 대한 한국 내 인식은 여전히 유효한 것 같다. 이 역시 앞으로 우리가 개선해 나가야 할 부분이라고 본다.

답사 차는 목릉과 우리 역사의 관계를 아는지 모르는지 벌써 계서(鷄西)를 지나고 있었다. 갑자기 김태국 교수가 2002년 12월 15일 계서에서의 일을 상기시켰다.

"김 선생, 그때 차가 몇 대나 굴렀지?"

김태국 교수의 그 한 마디에 2002년 12월 계서에서 이수(梨樹)로 갈 때, 3대 정도의 차가 길가에 살포시 누워 있던 상황이 떠올랐다. 우리를 태운 버스 기사는 친절하게도 차를 멈춰 세우고 승객들에게 사고 현장을 시찰(?)할 수 있게 했다. 승객들은 자유롭게 차에서 내려 사고 현장을 구경했다. 그때 사고 현장만큼이나 눈에 띄었던 것이 계서의 '검은 염화칼슘'이었다. 계서 지역은 동북의 두 번째 '사북'이라 불릴 정도로 석탄 생산량이 많은 곳이다. 그 원석을 갈아서 그대로 길 위에 뿌리면 제설작업이 완료된다고 한다.

겨울철에 중국 동북 지역에 가면, 이색 체험(?)을 할 수 있다. 동북 지역 사람들은 눈길 위에서도 체인을 감지 않고 다니는 독특한 운전 습관을 가지고 있다. 차가 마치 스케이트를 타듯 그렇게 설원을 달린다. 독자들 가운데 지독한 스릴을 맛보고 싶은 사람이 있다면, 겨울철 중국 동북 지역을 방문해 하얼빈 기사들이 운전하는 버스나 택시를 타볼 것을 제안한다. 차에 탑승하는 순간, 한국에서는 느낄 수 없는 무한 질주의 짜릿한 스릴을 맛보게 될 것이다. 나에게는 당연하지만, 누군가에게는 불필요한 것일 수도 있다는 것을 나는 동북 지역 답사에서 간담이 서늘해질 정도로 체감했다. 서로의 다름을 인정하고 받아들일 수 있는 자세 역시 답사 시 고려해야 할 덕목 가운데 하나일 것이다. 물론 받아들이기 조금 힘든 것도 있을 수 있겠지만.

당벽진
– 대흥학교 터/ 서일 순국지/ 한흥동

2008년 8월 18일 12시 10분, 드디어 이번 답사의 첫 조사지인 밀산시에 도착했다. 밀산 시내로 들어서자, 김태국 교수가 핸드폰을 들고 누군가에게 전화를 걸었다. 아마도 밀산시 부시장인 것 같았다. 차는 밀산시 정부청사 앞에 정차했다. 김향란(金香蘭) 현 부시장, 맹고군(孟高君) 전 부시장 등이 우리 일행을 기다리고 있었다. 김태국 교수의 4촌 처형인 김향란 부시장은 단아한 정장 차림으로 고급 관료의 인상을 풍겼다.

간단히 인사를 나누는 자리에서 김향란 부시장은 밀산의 오늘날 현황을 소개하며, 조선족들이 100년의 끈을 놓지 않고 중국

공민으로 억척스럽게 살아가고 있음을 재차 강조했다. 맹고군 전 부시장은 『밀산 조선족 100년사』를 자랑스럽게 우리 앞에 내 놓았다. 이 책의 대표 집필자인 김정득(金正得) 선생은 "흑룡강성 에서 두 번째로 나온 조선족사"라며 자신감 넘치는 어조로 집필 과정을 소개했다. 우리는 그들을 잊었지만, 그들은 민족에 대한 끈을 놓지 않은 것 같아 설명을 듣는 내내 부끄러웠다.

밀산시 정부청사 식당에서 식사를 마치자, 맹고군 전 부시장 이 안내를 자처했다. 곁에 있던 김태국 교수의 표정이 한결 편안 해 보였다. 그도 그럴 것이 2002년 12월 15일경 김 교수와 함께 밀산 당안관을 방문하고 당벽진(當壁鎭)을 조사하러 나섰지만, 추 운 날씨와 부족한 정보 탓에 제대로 된 조사를 하지 못했던 경험 이 있기 때문이다. 그때의 일을 상기하며 천군만마를 얻은 기분 으로 맹 부시장에게 '선봉'을 맡겼다.

맹 부시장은 당벽진으로 향하는 차안에서도 쉴 새 없이 '조선 족 역사의 위상'에 대해 열변을 토했다. 밀산의 지리적 이점과 흥개호(興凱號)의 특징을 활용해 국제 무역지구와 농업지구로 발 전시킨다는 복안을 밀산시가 긴밀히 추진하고 있다는 사실까지 귀띔해줬다.

당벽진 표석비

그는 중국에서, 또 한국에서, 심지어 세계 어디에서도 굳건히 활동하고 있는 조선족의 위상을 과대포장하지 않고 있는 그대로 전하기 위해 최대한 노력하고 있는 듯했다.

"서울에 있는 조선족 아줌마들이 전부 귀국하면, 한국 식당들은 엉망이 되겠죠?"

그의 말에 일행은 일제히 웃었지만, 한편으로는 참 많은 생각을 하게 하는 말이었다. 당벽진은 홍개호의 서쪽 끝에 위치한 중국과 러시아의 수륙 교차점이다. 1920년 전까지만 해도 당벽진의 범위는 비교적 넓어 상촌, 중촌, 하촌으로 나뉘었다. 상촌은 권씨들이 많이 살았다고 해서 '권가촌'으로, 하촌은 '변경촌'으로 불렸다. 현재의 당벽진은 중촌에 해당한다. 2008년 8월 18일

봉밀산과 당벽진 상촌. 멀리 봉밀산이 보인다.

오후 3시경, 밀산시 정부청사에서 출발한 지 1시간 만에 우리는 드디어 당벽진에 도착했다.

당벽진에는 대종교 수난의 흔적이 남아 있다. 우리의 답사지이기도 한 '대흥학교 터'가 바로 그 흔적이다. 1926년 장작림(張作霖, 장쭤린)은 삼시협정(三矢協定)의 부칙 조항에 의거해 대종교를 불법단체로 규정하고 포교를 금지시키는 한편 교도들을 체포했다. 이는 대종교가 만주로 총본사를 이전한 후 맞이한 가장 큰 위기였다. 교주 윤세복(尹世復)은 박찬익(朴贊翊), 조성환(曹成煥) 등과 함께 사태를 해결하기 위해 동삼성 당국과 교섭했고, 포교 금지 해제가 있을 때까지 당분간 총본사를 밀산 당벽진으로 이전해 교리와 행정 등을 정비하기로 결정했다. 당벽진으로 이전한 후 윤세복은 1928년 동창학교와 백산학교의 맥을 계승한 '대흥학교'를 설립하고, 한인 청년들에게 민족혼과 시대적 사명을 교육시켰다.

그러나 안타깝게도 우리는 단군 신앙을 기초로 항일독립운동을 전개했던 대흥학교 터를 끝내 찾을 수 없었다. 다만, 『밀산 조선족 100년사』의 교육 부분을 담당했던 김준식 선생에 따르면, 중촌에 조선인이 많이 살았기 때문에 학교 역시 당벽진 중촌 어딘가에 세워지지 않았을까 조심스럽게 추정해 볼 뿐이다.

우리는 대흥학교 터 답사에 대한 아쉬움을 뒤로 하고, 역시 당벽진 어딘가로 추정되는 서일(徐一)의 순국지를 찾아 나섰다. 청산리대첩의 주역이었던 북로군정서 총재 서일은 어쩌다 이곳에서 순국하게 된 것일까?

백포 서일(1881~1921)은 함경북도 경원군에서 태어나 향리에서 한학을 배우고 계몽운동과 교육 사업에 종사하다가 1911년 중광

단(重光團)을 조직해 단장으로 추대됐다. 대종
교를 통해 독립운동을 전개하던 서일은
1919년 중광단의 토대 위에 공교회 회원
들을 규합해 대한정의단(大韓正義團)을 조직
했다. 대한정의단은 왕청현(汪淸縣) 십리평
(十里坪) 일대를 본부로 삼아 독립군 인재
배양에 힘썼다. 1919년 4월 상해에서 대한
민국임시정부가 성립되면서 북간도의 ‘대한

북로군정서 총재였던 서일

정의단’과 ‘대한군정회’가 ‘대한군정부’로 개편
됐고, 서간도 지역의 ‘대한군정서’가 ‘서로군정부’로 개칭되자,
북간도의 ‘대한군정부’도 ‘북로군정서’로 명명됐다.

　서일은 북로군정서의 총재로서 청산리대첩을 승전으로 이끌
었다. 서일은 ‘병력 확대’, ‘무기 구입’, ‘핵심 군사 양성’이라
는 세 가지 매뉴얼을 정해 일본군과의 교전에 대비했고, 그의 전
략은 청산리대첩에서 빛을 발했다. 김좌진(金佐鎭)이 총사령관으
로, 이범석(李範奭)이 교관으로 활동했다는 것만으로도 서일의 위
상을 짐작할 수 있다.

　청산리대첩 이후 서일은 일본군의 끈질긴 추격을 피해 러시아
자유시로 이동했는데, 이곳에서 무력 충돌로 인한 이른바 ‘자유
시사변’을 맞이하게 된다. 이 사건으로 그가 이끈 독립군단은
풍비박산이 났으며, 서일은 독립운동기지의 하나인 밀산 당벽진
에서 자신의 책임을 통감하고 스스로 목숨을 끊었다. 『독립신
문』 1921년 12월 6일자에는 서일을 추모하는 다음과 같은 시가
실렸다.

대흥학교 터이자, 서일의 순국지로 추정되는 당벽진 중촌. 이곳 어딘가에서 북로군정서 총재 서일의 숨결이 들리는 듯하다.

아, 슬프도다. 선생의 돌아가심이여!

누구를 위하여 오늘의 소동이 일어났으며

누구를 위하여 오늘의 죽음을 맞이하였는가.

선생의 죽음은 과연 이천만 동포의 자유와 존영을 위한 것이며,

선생의 죽음은 또한 십삼 의사와 수백 양민이 재난을 피하게 하기 위함이시니

생을 마침도 나라를 위하심이요

비장한 죽음도 동포를 위하심이라.

곧 선생의 고결한 의기는

스스로의 목숨을 자신의 목숨으로 인정치 아니하고

오직 동포의 생명으로 자신의 목숨을 삼으심이며,

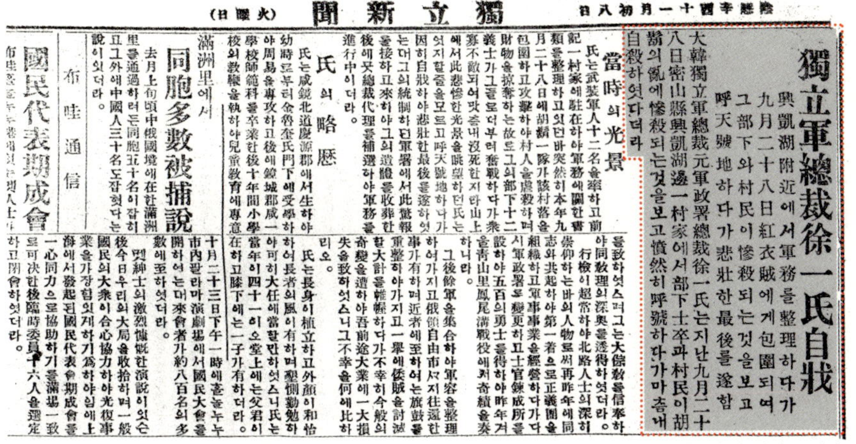

서일 순국 관련 『독립신문』 기사. 서일의 약력과 순국 당시의 상황을 생생하게 전하고 있다.

맹 부시장은 당벽진 중촌을 서일의 순국지로 단정했다. 하지만 우리 답사단은 정확한 자료가 뒷받침되지 않은 상황에서 중촌을 서일의 순국지로 단정하는 것이 부담스러웠다. 혹여 서일에게 누가 되지는 않을까 조심스러워 '추정'으로 결론 내리기로 했다.

대흥학교 터와 서일의 순국지에 대한 답사를 모두 '추정'으로 결론 내리며 돌아설 수밖에 없었던 일행은 예정된 다음 미션인 이승희(李承熙, 1847~1916)에 대한 흔적은 명확히 밝혀내리라 다짐

한계 이승희

하며 한흥동(韓興洞)으로 향했다. 한흥동은 '한국을 부흥시키는 마을'이라는 뜻으로 한계 이승희가 세운 마을이다.

이승희는 경북 성주군에서 저명한 유학자인 한주 이진상(李震相)의 아들로 태어나 한주학파의 학맥을 계승하면서 유교적 강상윤리(綱常倫理)를 현실 속에서 구현하고자 했던 실천적 유학자였다. 유학에 정진하던 이승희는 1905년 을사늑약 소식을 듣고 이완용(李完用) 등 을사오적 처단과 늑약 파기를 주장하기 위해 성주군 일대에 통문을 돌리면서 외세에 본격적으로 저항했다. 1908년 4월 망명길에 오른 이승희는 러시아 블라디보스토크로 향했고, 그곳에서 이상설(李相卨)을 만나 독립운동 방략에 대해 논의했는데, 이때 이들은 밀산 지역에 독립운동기지를 건설하기로 했다. 그 결과로 탄생한 것이 바로 1909년 겨울 봉밀산(峰密山) 일대의 넓은 땅을 개척해 만든 한흥동이다. 한흥동 건설 초기의 한인 가구 수는 약 100여 호였는데, 100년이 지난 지금은 약 20여 호밖에 남지 않았다고 맹 부시장은 아쉬운 듯 말했다.

당벽진을 지나 한흥동에 이르렀을 때, 시침은 벌써 오후 6시를 가리키고 있었다. 다소 늦은 시간이었기 때문이었을까? 마을 사람들을 좀처럼 만날 수가 없었다. 인적 드문 거리에는 닭들만

154

이 자유롭게 모이를 쪼며 이리저리 부산스럽게 돌아다닐 뿐이었다. 맹 부시장으로부터 들은 한흥동의 쇠퇴 이야기를 실감할 수 있을 정도로 마을은 무척이나 한산했다. 결과적으로 우리는 한흥동으로 출발하기 전 '이번에는 명확히 밝혀내리라'고 야심차게 했던 다짐을 지키지 못했다. 일행은 한흥동 어느 곳에 이승희

한계 이승희의 체취는 어디에도 없는 한흥동 입구

가 머물렀는지 정확히 확인할 수 없었다. 한흥동에서 100년 전의 역사를 말해주고 있는 것은 곳곳에 남아 있는 몇 그루의 고목들뿐이었다.

한흥동을 뒤로하고 숙소인 밀산 빈관으로 가는 길에 맹 부시장은 불현듯 생각이 났는지, 당벽진 출신의 유명한 조선족 인사가 현재 하얼빈에 거주하고 있으니 만나 보라고 했다. 맹 부시장이 말한 사람은 중국 최초의 여자 스케이트 국가대표팀 감독 '이창섭(李昌燮)'이었다. 나는 당장은 기약할 수 없지만, 언젠가는 꼭 그와 만나 오늘의 공백을 채우리라 다짐했다.

이런 저런 생각에 갑자기 마음이 분주해진 나는 맹 부시장에게 '쾌당별이 소학교'의 위치를 물었다. 맹 부시장은 조금 의아한 표정으로 나를 쳐다봤다. 고개를 갸우뚱거리는 나와 맹 부시장 사이에 얼마간의 정적이 흘렀다. 얼마 후 나는 그 표정의 이유를 알 수 있었다. 내가 질문한 '쾌당별이'가 바로 우리가 다녀온 '당벽진'이었던 것이다. 우리 일행 중 어느 누구도 '당벽진'과 '쾌당별이'가 동일 지역이라는 사실을 알지 못했다. 머쓱하기도 하고, 부끄럽기도 해 차마 고개를 들 수가 없었다. 부끄럽지만 전공자들이라 말할 수 있는 우리도 이렇게 잘 알지 못하는 부분이 많은데, 일반인들은 어떠하랴? 전공자로서의 책임감과 현지 조사의 중요성을 새삼 느끼게 된 순간이었다.

밀산 빈관에 도착해 창밖을 보니, 러시아어 간판이 여기저기 붉은 빛을 밝히고 있었다. 이곳이 중·러 국경지역임을 실감하며, 낯선 이국땅에서 희망의 빛을 찾아 조국에 전하고자 했던 수많은 이들을 떠올려 본다.

흥농촌
– 홍범도 고랑

밀산의 8월은 싱그러웠다. 특히 밀산 빈관의 아침은 더욱 그러했다. 2008년 8월 19일 아침 6시 30분 필자와 김태국 교수, 사진 전문가 임공재, 이렇게 우리 '삼총사'는 약 3km 정도 길을 달렸다. 땀이 비 오듯 했지만, 몸은 새처럼 가볍게 느껴졌다. 체력 단련을 게을리 하면 정작 중요한 부분에서 집중력이 떨어지기 때문에 틈틈이 운동을 하려고 노력하는 편이다. 아침식사 후 호텔 문을 나서면서 잠시 홍범도(洪範圖)와 독립운동가들은 밀산의 아침을 어떻게 맞았을까 하는 상념에 잠겼다.

권총을 차고 있는 홍범도

"김 선생, 뭐해? 빨리 가야지!"

앞에서 김태국 교수가 재촉했다. 홍범도와 밀산, 그것이 오늘 우리에게 주어진 미션이다. 밀산 시내에서 나와 '홍범도 고랑'이 있는 흥농촌(興農村, 이전 '십리와')으로 향했다. 흥농촌은 흥개진(興凱鎭)에 속해 있다. 흥개진 정부청사에서 6km 떨어진 '십리와 조선족 마을'에서 1910년대 홍범도가 의병을 이끌고 개척한 농장을 찾았다. '십리와'는 말 그대로 하면 '넓게 퍼져 있는 늪'이

십리와 전경. 넓은 벌판에는 지금도 벼, 옥수수를 비롯한 많은 곡물이 자라고 있다.

라는 뜻이다. 아닌 게 아니라, 흥개진과 십리와, 즉 현재 흥농촌으로 가는 길에는 습지들이 많이 있었다. 그리고 수전도 상당히 넓게 분포돼 있었다.

이와 같은 지리적 특성으로 인해 도산 안창호도 김성무(金成武)에게 십리와 농장 경영을 권유했다고 하는데, 안타깝게도 현재로서는 그 정확한 지점을 찾을 수가 없다. 우리보다 몇 개월 앞서 이곳을 다녀간 이태복 전 보건복지부 장관은 『이태복의 새벽일기-밀산기행 (2)』에서 그 소회를 다음과 같이 피력했다.

아침 일찍 안창호 선생이 개척한 십리와로 먼저 갔다. 끝이 보이지 않는 너른 벌판에 자리 잡고 있는 동네였다. 마을 이장쯤 되시는 조선족이 나와서 십리와와 옛 선조들에 대해 전해온 얘기들을 해주었다. 이 마을이 애초에 건설된 150가구의 마을인지 100가구의 동네인지는 알 수 없었다. 신민회의 해외기지 건설의 꿈이 어려 있는 이 십리와에는 500여 가구 2천여 명의 망국노들이 조국 광복의 꿈을 안고 몸부림쳤건만 그 어떤 흔적도 남아 있지 않았다. 표지석이라도 세웠으면 좋겠다고 했더니 협조할 수 있다고 말했다.

우리 일행은 밀산시 김향란 부시장의 배려로 밀산시 문화부 주임을 역임한 박용철(1942년생) 선생과 흥농촌 답사를 함께 할 수 있었다. 우리로서는 천군만마를 얻은 기분이었다. 박용철 선생은 우리가 찾고자 하는 '홍범도 고랑'은 이곳에 거주하는 노인들을 통해 알아보는 것이 가장 확실하다며, 조선족 마을인 흥농촌 6조로 우리를 이끌었다. 마을 어귀에 일행을 남겨둔 채, 마을 안으로 홀연히 사라진 박용철 선생은 얼마 지나지 않아 선생과 비슷한 연배로 보이는 한 노인과 함께 나타났다. 그 노인의 이름은 수동진(水東鎭, 1940년생의 조선족)으로 그는 밀산 흥농촌에서 태어나 평생 이곳을 벗어난 적이 없다고 했다. 수 노인은 홍범도 고랑은 이곳에

사는 조선족들의 자랑이라며, 약간은 과장됐지만 진지한 표정으로 이야기했다. 얼마나 지났을까? 홍범도 고랑에 대해 설명하며 앞장서 걷던 수 노인이 발걸음을 멈추고 손가락으로 어딘가를 가리켰다. 그 손가락 끝에는 미루나무들이 가지런히 늘어서 있었다. 수 노인은 그 너머에 홍범도 고랑의 흔적이 있다고 했다.

홍범도와 의병들이 억척스럽게 개척한 홍범도 고랑과 주변 벼농사 지역.
미루나무가 인상적으로 도열해 있다.

홍범도가 밀산에서 독립운동기지를 건설하고 학교 경영을 본격적으로 시작한 것은 나자구(羅子溝) 사관학교 출신 정태(鄭泰)가 1916년 봉밀산에 정착하면서부터다. 홍범도는 정태를 교육 사업에 참여시켰다. 교육을 통해 조국 광복에 필요한 인재를 확보하고, 수전 개간을 통해 경제적 환경을 조성하는 것이 그의 목표였다. 그는 밀산에서 '교육'과 '경제'라는 두 마리 토끼를 모두 잡고자 했다. 나아가 자신이 직접 나서 군자금도 모집했다.

논농사의 절대 명제는 물이다. 물을 확보하지 못한 논농사는 콩 없이 돌리는 맷돌과도 같다. 그렇기 때문에 홍범도에게 최우선 과제는 충분한 물을 확보하는 일이었다. 홍범도 고랑은 논농사의 필수 요소인 물을 얻기 위해 만들어진 것이다. 용수로를 파는 고단함을 조금이나마 덜고자, 밀산의 김규만(金奎萬)은 보막이 노래를 만들어 동료들과 함께 불렀다.

> 뒤에는 굽이굽이 목릉강 흐르고
>
> 앞에는 흥개호물 하늘에 닿는데
>
> 동쪽은 완달산 아래 우수리 평야요,
>
> 서쪽은 아아한 계관산과 중동선이라.
>
> 여기는 아름다운 우리의 고향이어라.
>
> 〈중략〉
>
> 우리는 꺼질 줄 모르는 하나의 불덩이
>
> 불빛이여 비추어라. 도망가는 비겁한 자들
>
> 돌아오라. 우리의 고향으로.
>
> 우리는 하늘을 떠이는 대장부가 되자.
>
> 굽이굽이 출렁이는 물결은 풍년의 기쁨 전해오고
>
> 철렁철렁 뗏목 가라앉는 소리 승리의 북소리 같구나.

수 노인이 이끈 길 끝에는 미루나무 뒤로 모습을 감추고 있던 홍범도 고랑이 있었다. 홍범도 고랑은 긴 세월이 지났음에도 여전히 물이 흐르는 수로의 기능을 충실히 수행하고 있었다. 제대로 된 장비 하나 없이 흑룡강의 검은 흙을 걷어내고 또 걷어냈을 의병들의 모습이 떠올랐다. 그들로 하여금 이 고된 일을 하게 한 힘은 무엇이었을까? 역시 답은 하나다. 조국을 위한 마음, 조국의 독립을 바라는 그 뜨거운 염원이다. 이태복 전 보건복지부 장관은 홍범도 고랑을 거닐면서 느낀 소감을 『이태복의 새벽일기-밀산기행 (2)』에서 다음과 같이 썼다.

우리 일행은 말없이 홍범도 고랑 주위를 걷고 또 걸었다. 꼭 해야 할 말이 가슴속에 있지만, 차마 입이 떨어지지 않아 하지 못하고 계속 주위만 맴도는 사람처럼 말이다. 그날 밤 나는 끝내 하지 못하고 돌아선 그 말, "당신들을 잊어서 죄송합니다"를 몇 번이고 되뇌며 잠들었다. 꿈에서 그들을 만나게 된다면, 그때는 반드시 마음을 전하리라 다짐하면서.

밀산 시내
– 김성무 근무지 '밀산관립소학교'

독립운동계의 해결사 도산 안창호, 미주 공립협회 회원 김성무. 이 두 사람이 밀산에서 독립운동기지를 건설하고자 의기투합했다. 한국독립유공자협회에서 발행한 『중국동북지역 한국독립운동사』에는 이렇게 서술돼 있다.

1910년 봄 미주 공립협회 회원 김성무는 안창호의 명을 받고 목릉하 밀산 백포자에 들어와서 신한국민회를 조직했다. 김성무는 평양의 기독교인이었는데 러시아 연해주를 거쳐 밀산 지역에 들어와 교회를 중심으로 이주 한인사회에서 아동 교육, 농업 장려, 아동 구제 등의 사업에 전력했다. 그는 김명성(金明星)과 함께 사숙을 열었고 기독교 전도도 함께 했다.

밀산 지역 답사에서 가장 중요한 일 가운데 하나가 바로 김성무의 흔적을 찾는 것이었다. 밀산에서 김성무를 찾는 작업에 우리가 처음으로 나서게 되었다는 점에서 그 책임이 막중했다. 그의 흔적을 찾기 위한 앞선 작업으로 김성무의 이동 루트를 재구성해 보았다.

안창호(앞줄 오른쪽)와 공립협회 회원들

1911년 김성무는 안창호의 권유로 중국과 러시아 국경지역인 밀산으로 파
견된다. 하와이에서 단출하게 짐을 꾸려 배에 승선한 김성무는 만감이 교
차했다. 독립운동이라는 대의를 위해 떠나는 길이었지만, 낯선 중국 땅 그
것도 러시아와 접경인 밀산으로 가야 했기에 한편으로는 마음이 편치 않았
다. 하지만 김성무는 이내 마음을 다잡았다. 그 사이 배는 인천항에 도착했
다. 서둘러 길을 재촉해 신의주를 거쳐 일제가 운영하는 남만철도주식회사
의 중심 선로인 심양과 하얼빈으로 이동해 다시 목단강까지 갔다. 목단강
에서 마차로 갈아탄 김성무는 세 달여의 긴 여정 끝에 마침내 밀산현 소재
지 지일(知一)에 도착했다. 길고도 먼 여정이었다.

2008년 8월 20일 아침 8시경, 우리는 김성무가 근무한 밀산
관립소학교를 찾아 나섰다. 밀산관립소학교의 흔적은 우리가 묵
은 밀산 빈관에서 그리 멀지 않은 곳에 있었다. 빈관에서 30분

밀산관립소학교(현재 지일소학교) 터

거리에 위치한 '지일소학교'가 바로 그 흔적이다. 밀산 시내에서 백포자(白浦子) 방향으로 1km 정도에 위치한 지일소학교는 계동으로 가는 길과도 연결돼 있는 교통의 요지다. 지일소학교 주변에는 밀산부 성곽 일부가 그대로 남아 있어 학교의 지난 역사를 말해주고 있다. 지일소학교 교정 안에 새롭게 단장된 학교 연혁을 소개한다.

　　김성무가 관립소학교에 부임한 것은 대략 1911년 즈음이다. 「중화민국 19년(1931년) 밀산현 경찰 제5부 한민호적등록」에는 김성무에 관한 기록이 나온다. 현지에 뿌리를 내리면서 이주민과 동고동락했던 그의 모습은 1911년 7월 12일에 도산에게 보낸 편지에서도 살짝 엿볼 수 있다. 독립운동기지를 건설하기 위해 땅을 개간하고 가옥을 짓는 데 필요한 경비 등을 비롯해 이 지역에서 주의해야 할 사항을 깨알 같은 글씨로 적어 도산에게 알렸다. 독립기념관 자료실에 편지 일부가 보관돼 있다.

　　이 편지에 따르면, 김성무는 십리와 지역 토지 30여 무(畝)를 구매해 농장을 꾸렸다. 그러나 이것이 홍범도 고랑과 어떠한 연관이 있으며, 그 위치가 정확히 어디인지는 안타깝게도 확인하지 못했다.

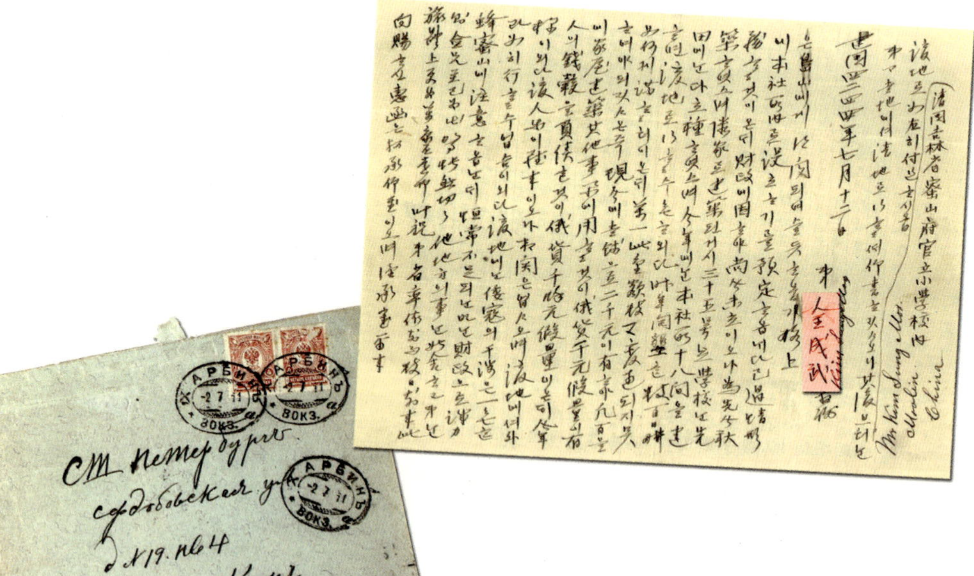

안창호에게 보낸 김성무의 편지

홍량촌

– 연변조선족자치주 초대 주장 주덕해와 '4열사 묘비'

답사 길은 순간순간 그 모습이 변하는 '마법의 길'이다. 아름다운 꽃길이 펼쳐지다가도 어느새 죽은 아내를 찾아 오르페우스가 향했던 것과 같은 험난한 길이 펼쳐지곤 한다. 언제 어떤 길의 모습으로 변할지 모르지만, 오르페우스가 소중한 아내를 찾기 위해 기꺼이 그 길을 걸어갔듯이 우리도 소중한 역사의 조각을 찾기 위해 기꺼이 이 길을 걸어가야 한다. 오르페우스처럼 한 순간의 실수로 그 여정의 노고가 사라지지 않도록 끝까지 정신을 차리고 걸어가야 한다. 그 길이 너무 험난해 도중에 멈춰버리고 싶을지라도 끝까지.

비교적 쉽게 김성무 근무지의 흔적을 확인한 우리는 간단히 점심을 먹고 곧바로 다음 장소로 출발했다. 4열사 묘역이 있는 서대림자(西大林子) 홍량촌(宏亮村)이 우리의 다음 목적지였다. 그런데 초반부터 느낌이 좋지 않았다. 가는 길이 무척 험난했기 때문이다. 대부분이 비포장도로였던 탓도 있었지만, 비가 온 뒤라 곳곳에 작은 웅덩이가 있어 차가 더 덜컹덜컹 요동치며 달렸다. 급기야 차바퀴가 진흙에 빠져 꼼짝하지 못하는 상황이 발생하고 말았다. 답사단원이 모두 내려 '제발, 움직여라' 속으로 외치며 뒤에서 힘껏 밀었지만, 차는 우리의 바람에 콧방귀를 뀌듯 헛바퀴만 돌릴 뿐이었다. 홍량촌이 코앞이었지만, 더 이상 차로는 갈 수 없는 상황이었기에 우리 일행은 필요한 장비만 대충 챙겨 들고 하는 수 없이 4km가량을 도보로 이동했다. 그렇게 한참을 걸어 12시 10분경, 우리는 마침내 밀산시 서대림자 홍량촌 들판에 덩그러니 남아 있는 4열사 묘역을 찾아냈다.

주덕해[朱德海, 1911~1972, 본명 오기섭(吳基燮)]는 연변조선족자치주 초대 주장으로 1911년 3월 5일 러시아 연해주 쌍성자(雙城子, 우수리스크)에서 태어났다. 부친을 일찍 여읜 그는 아홉 살 때 연변으로 이주했으며, 1930년부터 항일투쟁에 헌신했다. 섬서성 연안에서 활동하기 전 밀산현 서대림자에서 항일 선전 활동에 주력했던 그가 1933년 10월경 만군(滿軍)에게 쫓기면서 시작된 비극은 결국 4열사의 희생으로 마무리됐다. 『밀산 조선족 100년사』를 잠시 살펴보자.

서대림자는 비옥한 토지와 목릉강의 풍족한 수원, 끝없이 펼쳐진 참나무 숲이 유명했다. 서대림자는 40여 호의 조선인 마을이었다. 주덕해는 한족과 조선 청년들에게 적극적으로 항일운동에 참여할 것을 권고했다. 1933년 9월 조선인 오복의 집에서 서대림자 항일회가 설립되었으며, 회원들에게 길림성 항일밀산부회 회원증을 발급하였고, 이후 조직적인 항일운동이 전개되었다. 일제가 주덕해를 체포하는 과정에서 조선인 윤락범, 태동식, 이종근, 오복 등이 밀산현성으로 압송 도중 살해되었다.

4열사 묘역의 모습은 그야말로 황폐하기 그지없었다. 풀이 너무 우거져 그들의 모습을 제대로 볼 수조차 없었다. 당연히 사진 촬영을 하기도 어려웠다. 일행은 누가 먼저랄 것도 없이 풀을 정리하기 시작했다. 시간이 얼마나 흘렀을까? 무관심의 그늘에 덮여 있던 90cm 정도의 묘비가 그 모습을 드러냈다. "혁명열사영

수불후(革命烈士永垂不朽, 혁명열사들의 정신은 영원히 빛날 것이다)." '영
원히 빛날 것'이라는 묘비명을 보고 나니, 마음이 더 아파왔다.
1994년에 세워진 기념비는 시간의 거센 칼에 한 면이 잘려나간
채로 을씨년스럽게 서 있었다. 그 뒤에 말없이 서 있는 4열사의
묘가 왠지 모르게 서글퍼 보였다.

4열사 기념비

풀을 정리한 후의 4열사 묘와 묘비 모습

'그래도 열사들의 정신만은 영원할 거야……'라고 애써 마음
을 달래봤지만, 그들이 항일독립운동을 하며 품었을 자유에 대
한 열망, 조국에 대한 사랑의 결과가 정녕 이것인가 하는 생각에
가슴이 먹먹해졌다. 착잡한 마음으로 묘역을 정리하고 나오는
데, 뜻밖의 복병이 우리를 기다리고 있었다. 험난한 길이 다시
우리 앞에 열린 것이다.

우리를 기다리고 있던 그 복병은 '공안차'였다. 전문가용 카메

라를 들고 이리저리 찍고 촬영하는 모습을 멀리서 지켜봤던 중국 노동자의 투철한 신고 정신이 만들어낸 결과였다. 자칫 복잡해질 수 있는 상황이라 답사단 모두 긴장했지만, 다행스럽게도 우리에게는 천군만마, 밀산시 문화부 주임을 역임한 박용철 선생이 있었다. 홍량촌까지 고맙게도 함께 해준 박용철 선생은 그들에게 이번 답사가 한·중 양국의 공동항일투쟁을 조명하는 중요한 작업이라고 설명했다. 그러자 공안들 중 상급자로 보이는 한 사람이 "지금은 '북경올림픽' 기간이라 국경지역에서의 민감한 행동은 삼가길 바란다"는 말로 일행을 '석방' 시켜 주었다.

별다른 마찰을 빚지 않고 문제가 해결될 수 있었던 데는 박용철 선생이라는 든든한 지원군의 역할도 컸지만, '항일'이라는 공통분모가 크게 작용한 것 같다. '항일'이라는 공통분모가 아직까지도 여전히 한·중 관계에 유효하다는 것을 보여준 것이다.

상황을 정리하고 돌아오는 길에 불현듯 2006년 11월 강서성(江西省, 쟝시성) 한국광복군 활동지인 상요(上饒, 상라오) 지역을 답사할 때의 일이 떠올랐다. 남창(南昌, 난창)을 지나 연산(鉛山, 옌산) 귀계향(貴溪鄕, 꾸이시샹)의 한국광복군 제2지대 활동 터와 안병무가 관여했던 『전선일보』사의 옛 터를 답사하고 느꼈던 기쁨도 잠시, 우리는 상요 지역에서 간첩 혐의를 받게 돼 답사를 중단할 수밖에 없었다. 상요는 군사지역이기 때문에 외국인들의 자유로운 답사 활동을 보장할 수 없는데, 허락도 없이 상요에 들어왔다는 것이 그 이유였다. 우리로서는 어이가 없었지만, 당시 상황에서는 일단 현지 사정을 받아들이는 것이 불필요한 마찰을 줄이는 길이었기에 별다른 저항을 하지 않았다. 이후 우리는 동행했던 광서사범대학 대학원생의 인맥을 이용해 무사히 빠져나올 수 있었다. 이렇게 나의 답사 길에는 때로는 험난한 길이 펼쳐지기도 하지만, 난 지금도 이 길을 걷고 있고, 앞으로도 걸어갈 것이다. 꼭 그렇게 하고 싶다.

향양진
– 주수일 묘

중국어로는 '흥개호(興凱號)', 러시아어로는 '항카(XAHKA)'로 불리는 이 호수는 밀산에서 빼놓을 수 없는 곳 중 하나다.

'흥개호에서 본 봉밀산은 어떤 모습일까?'

우리 일행은 배를 타보기로 했다. 흥개호는 25%만 중국령이고, 나머지는 러시아 영토다. 때문에 중국인 선장은 무척 조심스럽게 배를 몰았다. 그런데 가도 가도 호수의 끝이 보이지 않았다. 말이 호수지, 내가 느끼기에는 우리나라 제주도가 충분히 잠기고도 남을 크기의 바다였다.

흥개호에서 바라본 봉밀산

바다같은 호수 흥개호 백사장을 거니는 중국인들

어쨌거나 밀산 어디에서나 볼 수 있는 봉밀산을 흥개호에서 감상하니, 기분이 색달랐다. 마치 신선이 된 듯한 느낌이랄까? 백사장은 '호수욕'을 즐기는 중국인들로 가득했다. 여유로워 보이는 그들을 뒤로하고, 또 어울리지 않는 나의 신선놀음도 뒤로하고, 배에서 내려 다시 답사 길 위에 섰다.

밀산시 조선족 직공회를 담당했던 맹고군 전 부시장의 부인이 연수현에 가서 『연수현 조선족 100년사』 편찬위원들을 꼭 만나보라고 당부했다. 하지만 밀산에서 연수현까지는 거리와 시간을 따져볼 때, 논스톱으로 한 번에 가기 어려웠다. 그래서 우리는 일단 밀산 시내에서 벗어나 향양진(向陽鎭, 샹양전)에서 잠시 휴식을 취하기로 했다.

우리는 이곳에서 우리가 어떤 일을 할 수 있을지 생각했다. 일제 문서에 박계천(朴繼天), 일명 '박영'이라는 항일투사가 이곳에 '만천풍농호'(滿川豊農號)를 세웠다는 기록이 엿보이지만, 현재로서는 확인하기 어려웠다. 청산리대첩의 주역 김좌진 역시 밀산에서 활동한 정황이 보이지만, 특별한 정보를 얻지 못했다. 대신 우리는 한국독립운동사와는 직접 관련이 없지만, 한인 독립운동가들과 연합할 때 중국측 지도자로 활약한 주수일(朱守一, 주소우이)의 묘를 살펴보기로 했다.

1934년 3월 대장 장보산(張寶山), 부대장 김백만(金白萬), 참모장 김근(金槿)을 주축으로 성립된 밀산유격대는 실질적으로는 부대장 김백만이 주도했다. 두 달 뒤 흑룡강성 영안현 서기였던 주수일이 밀산유격대 대장으로 임명됐는데, 한족인 그는 한인 연합부대와의 조율을 통해 강력한 항일투쟁을 전개했다. 하지만 안타깝게도 그는 합달하(哈達河, 하다허) 전투에서 만주국군의 총탄에 맞아 희생되고 말았다.

날이 너무 어두워진 탓에 우리의 주수일 묘 찾기는 쉽지 않았다. 밤하늘에는 별들이 하나 둘 수놓이고 있었다. 찾는다 해도 '과연 촬영이 가능할까?' 하는 걱정이 엄습해 왔다. 그러나 이런 나의 염려는 곧 무색해지고 말았다. 2008년 8월의 어느 여름 밤, 주수일 묘 앞에서 마술 같은 일이 일어났다. 사진 전문가 임공재가 각종 장비를 꺼내들고, '한여름 밤의 사진 매직쇼'를 선보이기 시작한 것이다. 그는 피사체 앞에서 잡념을 비우고 호흡을 가다듬었다. 삼각대에 카메라를 고정시키고 초점을 맞춘 뒤, 조심스럽게 두 개의 페인트 통(소형 스트로보)을 집어 들었다.

사진 매직쇼로 어두운 밤에도 밝게 촬영된 주수일 묘와 기념비

그리고는 사각프레임 안에 들어온 묘역을 하나하나 정교하게 그려나가기 시작했다. 그는 30여 분 동안 한 마디도 하지 않고 촬영에 집중했다. 사진 전문가 임공재의 열정에 주수일도 감동했으리라.

　주수일 묘 촬영을 시작한 때가 대략 7시였다. 중국 동북 지역은 북경 시간을 표준시로 삼고 있기 때문에 여름철에는 7시만 되도 어둑어둑하다. 반대로 감숙성(甘肅省, 깐수성)과 내몽고 서부 지역은 9시가 돼야 어두워진다. 임공재 사진작가의 한 여름 밤의 사진 매직쇼에 흠뻑 빠져 일행은 밥때도 놓쳐버렸다. 식당을 찾아봤지만, 주변에 마땅한 곳이 없었다. 결국 우리는 계서톨게이트 입구에 자리를 잡고 라면으로 저녁을 해결하기로 했다.

　차 트렁크에서 휴대용 가스버너와 냄비를 꺼내 와 라면을 끓였는데, 문제가 생겼다. 젓가락이 없었던 것이다. 캄캄한 밤에, 그것도 인적이 드문 톨게이트 입구에서 젓가락을 구한다는 것은 사실상 불가능했다. 그때 눈에 들어온 것이 하나 있었다. 바로 길쭉한 '짝태'였다. 짝태를 길게 찢어 보니, 모양새로는 일회용 젓가락으로 사용하기에 무리가 없어 보였다. 다만, 식사시간이 길어지게 되면 짝태가 흐물흐물해져 젓가락으로 사용할 수 없기 때문에 초스피드로 저녁을 해결해야 했다. 곳곳에서 웃지 못할 광경들이 벌어졌다. 최대한 빨리 먹기 위해 노력했지만, 결국 우리의 일회용 젓가락 짝태는 흐물흐물해진 채로 라면 국물과 함께 입으로 직행하는 운명에 처해졌다. 그렇게 잊지 못할 답사의 추억한 페이지를 만든 일행은 목단강시 하와이 호텔로 향했고, 그곳에서 모처럼만에 포근한 잠에 빠져들었다.

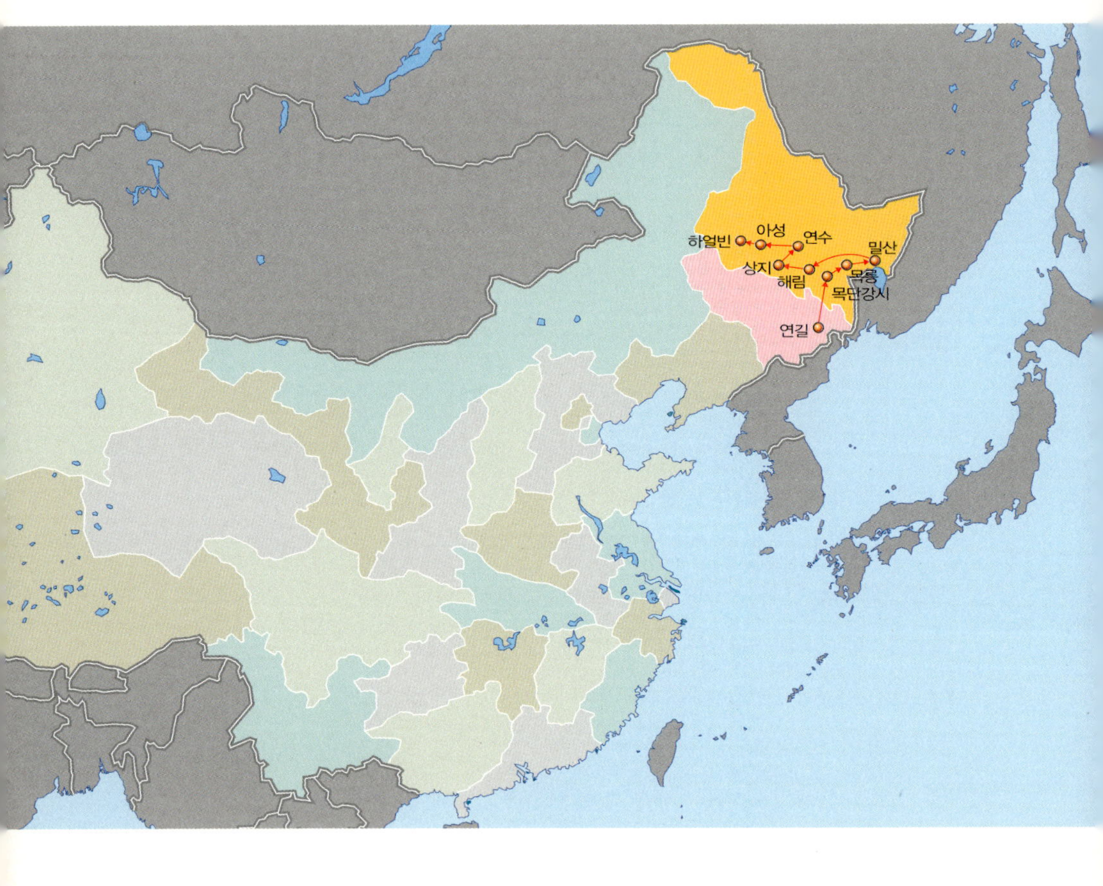

하얼빈
아성
연수
상지
밀산
해림
목릉
목단강시
연길

7. 신민부의 활동 근거지

〈답사 일 : 2008년 8월 21~25일〉

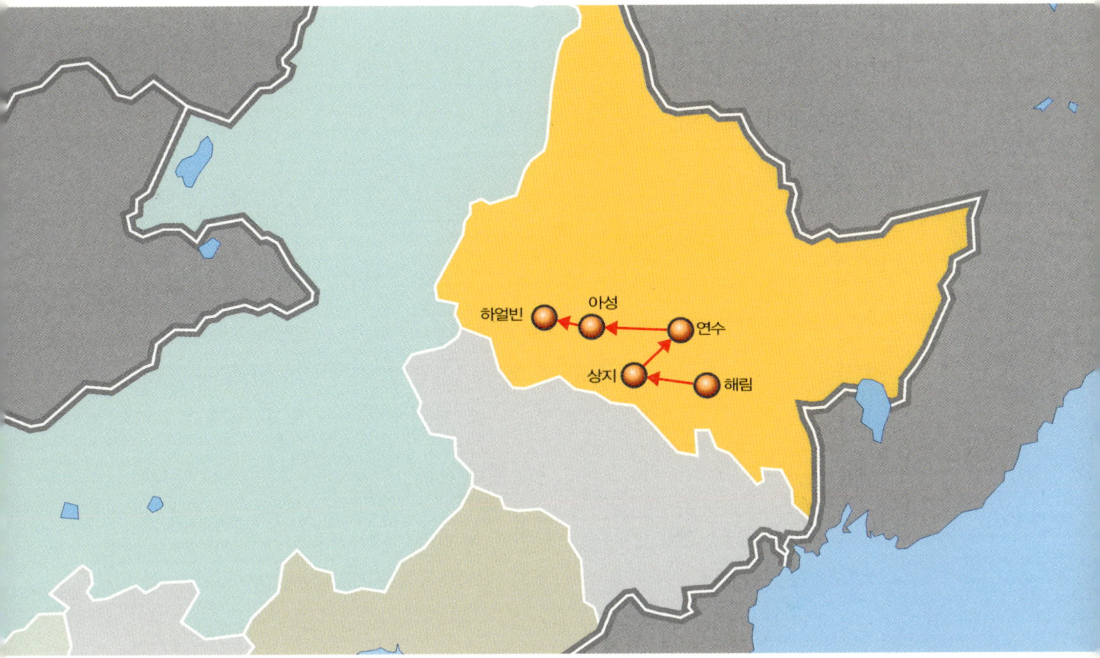

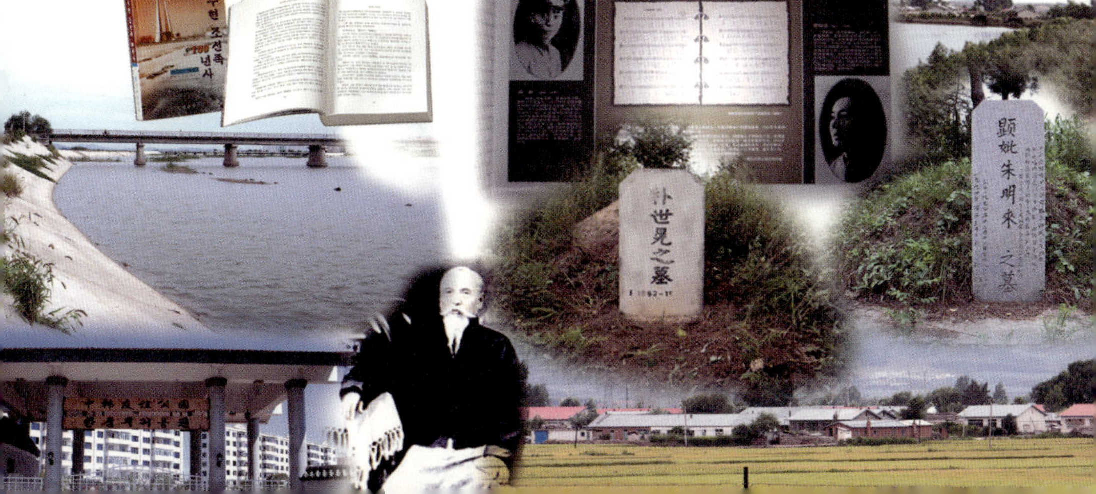

해림 한중우의공원/ 조선공산당 만주총국 창립지 '일면파'/ 노은 김규식의 순국지이자 부인 주명래의 묘소가 있는 '하동'/ 이추악과 양림을 떠올리게 하는 '조일만 기념관'/ 연수현 조선족중학교/ 신민부 조력자 박세황 묘소/ 안동사람들의 독립운동의 메카 '취원창'/ 석주 이상룡 묘터/ 하동촌

– 해림 한중우의공원

목단강시에서 상지로 가기 전 우리 일행은 해림(海林, 하이린)에 세워진 '한중우의공원'을 찾았다. 목단강시에서 해림 한중우의공원까지는 차로 약 30분이 걸린다. 6,000평가량의 넓은 대지에 자리 잡은 한중우의공원은 국가보훈처와 김좌진기념사업회가 함께 손을 잡고 만들어낸 빛나는 작품이다. 이곳은 2009년 개방돼 한국인과 중국인이라면 누구나 함께할 수 있는 그야말로 '진정한 한중우의공원'으로 거듭났다.

여기서 잠깐, 한중우의공원과 깊은 연관이 있는 청산리대첩의 주역 김좌진 장군에 대해 살펴보기로 하자.

김좌진

김좌진(1889~1930)은 1889년 충남 홍성 지역의 명문가에서 태어났다. 그는 탄탄대로가 보장된 부유한 명문가의 자제였지만, 풍전등화의 운명에 처한 조국의 현실 앞에서 자신보다는 나라와 민족을 먼저 생각했다. 김좌진은 당시로서는 충격적이라 할 수 있는 '노비 해방'을 실천했으며, 교육구국운동에 앞장섰다. 서울로 상경한 후에는 신민회 회원들과 교류하면서 독립운동기지 건설을 가슴에 품었다. 그러나

안타깝게도 김좌진은 군자금을 모집하던 중 체포돼 서대문 감옥
에 투옥되고 만다. 여기서 그는 우리가 너무도 잘 아는 한 인물
과 만나게 되는데, 그가 바로 백범 김구다. 김구는 『백범일지』에
김좌진과의 만남을 다음과 같이 기록했다.

출옥 후 김좌진은 만주 지역
광복회 책임자로 활동하면서 독
립운동의 대선배들과 만났다. 석
주 이상룡을 만나 독립운동기지
건설 계획에 대해 자문을 구하기
도 했으며, 대한정의단의 서일을
만나 후일 청산리대첩의 주역으
로 거듭나게 되는 토대를 마련하
기도 했다. 1920년 10월 북로군
정서 사령관 김좌진은 독립운동
사상 가장 빛나는 전과를 올리게
된다. 바로 그 유명한 '청산리대
첩'이다. 이날의 승리는 일제의
통치와 압제에 신음하고 있던 한
민족에게 내린 한 줄기 구원의

'김좌진' 하면 떠오르는 청산리 대첩.
연변 화룡현 청산리에 세워진 청산리전적비

빛과 같은 사건이었다. 청산리대첩 이후 김좌진은 군사활동뿐 아니라, 만주 지역 한인사회의 안정화를 위해서도 힘썼다. 그러나 1930년 1월 24일, 김좌진은 공산주의자 박상실의 흉탄에 맞아 순국하고 만다. 만주 지역 독립운동의 중심에 섰던 김좌진은 조국 광복이라는 최종 목적지에 끝내 이르지 못하고, 자신이 운영하던 금성정미소에서 그렇게 생을 마감하고 말았다. 일제 치하의 칠흑 같은 어둠 속에서 밝게 빛나던 희망의 등불 하나가 사라지는 안타까운 순간이었다.

해림 한중우의공원은 항일역사교육의 산실이자, 김좌진 장군을 비롯한 한·중 항일투사들의 위대한 활동을 기념하기 위해 마련된 곳이다. 정문으로 들어가면 오른쪽에는 '역사문화관(문화센터)'이 자리하고 있고, 왼쪽에는 '복지관'과 '백야수련관(다목적홀)'이 있다. 역사문화관은 독립투사들의 정신을 체험할 수 있는 전시관과 기획전시실로 구성돼 있으며, 백야수련관은 지역 주민과의 화합 및 교류의 장으로 활용되고 있다. 이와 더불어 눈에 띄는 것은 한국식 뷔페로 구성된 대식당과 호텔급 숙박 시설이

해림 한중우의공원 정문. 태극문양이 이채롭다.

완비돼 있다는 점이다. 항일투쟁역사의 체험장으로 활용하기에 더없이 안성맞춤인 장소다.

해림 한중우의공원은 우리 답사단에게도 매우 특별한 장소였다. 단장인 황민호 교수와 인연이 각별한 곳이었기 때문이다. 한중우의공원 전시관의 전시물들은 황 교수와 수원대학교 박환 교수 등의 손을 거쳐 탄생됐다. 이런 인연으로 우리 일행은 관계자의 각별한 안내를 받으며 한중우의공원의 구석구석을 돌아볼 수 있었다. 우리는 한중우의공원 곳곳에 새겨진 한국과 중국의 항일 정신과 두 나라 간의 깊은 우의를 가슴에 품고, 10시 30분경 상지로 출발했다.

해림 한중우의공원 역사문화관 내부. 한·중 양국 공동항일투쟁사가 전시돼 있다.

해림 한중우의공원 역사문화관. 전시관과 잘 갖추어진 숙박시설을 자랑한다.

– 조선공산당 만주총국 창립지 '일면파' / 노은 김규식의 순국지이자 부인 주명래의
묘소가 있는 '하동' / 이추악과 양림을 떠올리게 하는 '조일만 기념관'

상지시는 1946년 11월 동북항일연군 제2군 사령 조상지(趙尙志,
자오상즈)를 기념해 주하현(朱河縣, 주허시엔)을 개명한 도시로 1948년
3월에 합병된 위하현까지 포함해 오늘에 이르고 있다. 상지시는
하얼빈과 목단강시의 중간 정도에 위치하고 있으며, 동쪽으로는
해림시, 서쪽으로는 아성구(阿城區, 아청취), 남쪽으로는 오상시(五
常市, 우창쓰), 북쪽으로는 연수현(延壽縣, 옌소우시엔), 방정현(方正縣,
팡정시엔), 빈현(賓縣, 빈시엔)과 접해 있다. 상지시에 이주한 최초
한인은 1902년경 최봉준(崔鳳俊) 일가였다. 2008년을 기준으로
상지시에는 2만 4,000여 명의 조선족이 살고 있다.

우리 일행은 상지 시내로 가기 전, 한국 독립운동사에서 빼놓
을 수 없는 곳 중 하나인 '일면파(一面波)'를 조사하고 가기로 결
정했다. 일면파는 조선공산당 만주총국의 창립지다. 이곳에서
조봉암(曺奉岩), 최원택(崔元澤), 윤자영(尹慈英) 등 여섯 사람은 회의
를 개최하고 조선공산당 만주총국을 결성했다. 김준엽의 『한국
공산주의운동사 2』에는 만주총국 창립 당시의 분위기가 다음과
같이 묘사돼 있다.

조봉암, 최원택 등은 곧 만주로 파견되어 하얼빈으로 이동하여 일면파에서 김
철훈, 김하구, 윤자영 등과 회합하고 조봉암의 제의에 의하여 1926년 5월 16일
만주총국을 조직하게 되었다. 즉 그들은 5월 16일 위사현 일면파 소재 중국인
여관에서 밀회하여 창립 총회를 개최하고 모두 집행위원이 되었으며 비서부,

그런데 위의 자료에는 만주총국을 창립한 곳이 '주하현 일면
파'가 아닌 '위사현 일면파'로 명시돼 있다. 왜 이렇게 된 것일
까? 아마도 이 책에서 인용한 평강선이(平江仙二, 히라에 센지)의 책
『조선민족독립운동비사(朝鮮民族獨立運動秘史)』에 만주총국 창립지
가 "길림성 위사현 일면파 원야(原野)"라고 된 데서 빚어진 오류
인 것 같다. 1925년 당시 주하현과 위하현은 모두 길림성에 속
해 있었는데, 1932년 3월 1일 만주국 성립 이후에는 빈강현에
속했다. 문제의 '위사현'은 그 어디에서도 찾아볼 수 없다. 아마
도 위하현에 흐르고 있는 위사하를 잘못 이해해 빚어진 오류가
아닐까 싶다. 현재 일면파 남쪽 30km 지점에는 위하진이 있다.
어떻게 빚어진 오류인지 그 정확한 경위는 알 수 없으나, '위사
현 일면파'는 분명 '주하현 일면파'의 오류다.

2008년 8월 21일 오후 2시경, 일면파의 이정표가 시야에 들
어왔다. 하지만 일면파에 도착한 일행 앞에는 뜻밖의 난관이 기

일면파 전경

다리고 있었다. 참혹한 오토바이 교통사고 현장과 마주하게 된 것이다. 세 명의 사고자가 길바닥에 처참하게 널브러져 있었고, 곳곳에 피가 흩어져 있어 사고의 참상을 짐작할 수 있었다. 길게 늘어선 차들과 구경 나온 사람들로 도로는 매우 혼잡했다. 결국 차들이 통제되는 상황까지 이르렀고, 우리는 일단 하차해 일면파 정부로 가 그곳에서 정보를 얻기로 했다. 그러나 아쉽게도 우리는 그들로부터 만족스러운 정보를 얻지 못했다. 그대로 돌아서야 하는 상황이었지만, 그곳까지 달려간 시간과 사고로 인해 추가로 소비하게 된 시간들이 아까워 차마 발길이 떨어지지 않았다. 우리는 러시아군이 잠시 주둔했다는 곳으로 가 그곳을 잠시 둘러본 후에야, 비로소 상지 시내로 미련 없이 발길을 돌릴 수 있었다.

뜨거운 햇살이 어느 정도 노곤해진 5시 30분경, 우리는 상지 빈관에 도착했다. 1층 로비의 낡은 소파에 앉아 있던 한득수 선생은 우리 일행을 먼저 알아보고 다가와 반갑게 인사를 건넸다. 한득수 선생은 우리의 상지 답사를 위해 김태국 교수가 초빙한 분이다. 그는 1943년생으로 목릉현 사도령자(四道嶺子)에서 태어났는데, 부모님 고향은 황해도 옹진군 마성면 개평리라고 했다. 전문대학을 졸업하고 1959년부터 1972년까지 하얼빈 탐사학교에서 활동했으며, 1977년부터는 상지시에서 농업 관련 공무원 생활을 하면서 『상지시 조선민족사』라는 책을 집필하고 있다고 했다(이 책은 2009년 북경 민족출판사를 통해 발간됐다). 열정적으로 이야기를 풀어놓는 그의 모습을 보니, 상지 답사가 왠지 순조롭게 진행될 것 같은 기분 좋은 예감이 들었다. 우리는 한득수 선생과

내일 일정에 대해 간단히 상의를 한 후, 상지 빈관에서 휴식을
취했다.

다음날 아침 한득수 선생과 우리 일행은 계획한 대로 '하동(河東)'
으로 향했다. 하동은 마의강(碼蟻江)의 동쪽이라고 해서 붙여진 지
명이다. 현재 하동은 중국 중점 우량 농업기지로 선정돼 있는데,
여기에는 가슴 아픈 우리 역사가 숨어 있다. 이것은 1933년 '하
동안전농장(하동안전농촌)'이 설치되면서 이곳을 삶의 터전으로
일구었던 한인들의 눈물겨운 이주생활의 경험이 축적된 결과로
볼 수 있기 때문이다.

하동안전농장은 총 22계로 이뤄져 있었다. 농장 설치 당시에
는 '계'라는 단위로 촌락의 명칭이 명명됐으나, 현재는 촌으로
불리고 있다. 주하현 공서(公署)와 하얼빈 총영사관 등 관계 기관
의 적극적인 '협력'으로 만들어진 이 농장은 만주국의 북만 지

하동안전농장 전경. 중국 전국 규모의 우수 쌀 생산지

역 농업정책에 있어 매우 중요한 의미를 지니는 곳이었다. 1936년 『재만조선인통신』의 「안전농촌 탐방기」에는 다음과 같이 쓰여 있다.

평화의 이민이오, 천의의 사도인 조선민족이 거금 60여 년 전 몸에 촌철도 가지지 않고 압록강, 두만강 양 강을 건너 만주와 연해주를 전전하면서 목이 메이고……가진 고난을 겪다가 마침내 천의의 명한 바 왕도 만주국의 당당한 일원이 되었으니 인위가 어찌 천의를 좌우할 수 있으랴. 반세기를 넘은 우리의 만주이민사를 보건대 눈물 없이는 볼 수 없을 것이다. 그러나 우리는 이 선인들의 꾸준한 노력, 힘찬 인내로 오늘날의 복을 누리게 되었으니 선인들의 거룩한 영전에 오늘 이 땅에 널린 동포의 축복받은 자태를 기록하여 한없이 기쁘도다.

이는 체제 선전의 극치라 할 수 있다. 보다 균형 잡힌 시각에서 하동안전농장의 실상을 들여다보기 위해 연변대학 부총장을 지낸 정판룡(鄭判龍) 교수의 자서전 『고향 떠나 50년』을 살펴보기로 하자.

하동은 주하역에서 근 20리가량 떨어진 곳에 있었다. 주하는 현 소재지이고 또 빈수선이 통하는 교통 요지라고는 하지만 퍽 어둡고 더러운 도시였다. 집들은 영구(요녕성)와 달라 검은 기와에 시퍼런 벽돌 아니면 굽지 않은 상태의 흙벽돌을 쌓아 지은 집들이여서 사람들에게 음침하고 무시무시한 감을 주었다. 마의강이라고 하는 큰 강이 주하 거리 남쪽을 에돌아 흐르고 있다.

마의강 동쪽으로 물줄기를 따라 100여 리가량 기름진 평야가 펼쳐져 있었다. 1920년 초에 러시아령 연해주에서 살던 일부 조선농민들이 전란을 피하여 이곳에 와 기름진 이 평야를 개척하고 수전을 풀기 시작하였다고 한다. 그 뒤 산동성, 하북성에서 온 중국 농민들도 이곳에다 밭을 일구었다. 그러나 1930년대 중엽부터는 만선척식회사에서 강제로 이곳 땅을 징수하고 수전을 위주로 하는 개척농장을 만들었다. 이것이 곧 하동농장이다. 그리하여 원래 이곳에서 살던 중국 농민들은 수전 농사를 할 줄 모른다고 주위 산골로 내쫓고 그 대신 조선에서 많은 이민들을 데려다가 마의강의 풍부한 물을 이용하여 수전을 풀게 하였다. 이런 역사적 원인으로 하여 부근의 중국 농민들을 적대시하였으며, 이따금 충돌도 생겼다.

하동은 노은 김규식이 연수현과 주하현을 오가며 활동했을 때 거점 역할을 했던 곳이기도 하다. 우리는 국가보훈처 사이트에서 '김규식'을 검색하면 같은 이름을 가진 세 분의 유공자와 만나게 된다. 먼저 상해 대한민국임시정부의 우사(尤史) '김규식(金奎植)'과 노은(蘆隱) '김규식(金奎植)'이다. 이 두 분은 한자까지 동일하다. 마지막으로 안동 출신의 '김규식(金圭植)'이 있다. 이분은 다행스럽게도 다른 두 분과는 한자를 달리 쓰고 있다. 그런데 안타깝게도 오늘날 우리가 알고 있는 김규식의 공적은 이 세 분의 것이 뒤섞인 것이다. 반드시 바로잡아야 할 부분이지만, 아직까지 시정되지 못한 채로 그대로 방치되고 있는 상황이다. 이것을 바로잡지 않는다면, 우리는 세 분 앞에 후손으로서 결코 고개를 들 수 없으리라.

이러한 문제점을 감안하고 하동 답사의 주인공인 노은 김규식에 대해 알아보자. 노은 김규식은 1882년생으로 대한제국 육군 무관학교 출신의 육군참위였으며, 군대 해산 이후에는 철원에서 의병으로 구국운동에 참가했다. 경술국치 이후 1912년에 가솔들을 챙겨 망국노의 굴레를 벗고자 만주로 망명했다. 서일, 김좌진 등과 함께 1920년 8월 북로군정서를 창립하는 데 앞장섰으며, 우리가 모두 잘 알고 있는 청산리대첩의 숨은 주역이기도 하다. 이러한 그가 1931년 하동에서 마지막 숨을 거둔다. 그것도 아주 처참하게. 그에게는 무슨 일이 있었던 것일까?

1920년 10월 북로군정서 제1연대 제1대대장으로 청산리대첩에 참여한 김규식은 일본군의 막강한 화력 앞에서도 주변 지형과 뛰어난 군사기술을 활용해 대첩의 지휘자로서의 역할을 충실히 수행했다. 하지만 일제의 지속적인 정규군 투입과 보급선의 확보는 결국 북로군정서를 비롯한 독립운동가들로 하여금 견디기 힘든 이동을 선택하게 했다. 김규식은 긴 한숨을 내쉬며 고통스러운 이 현실을 온몸으로 체감하면서 늦가을, 아니 이미 초겨울로 접어든 흑룡강성 밀산으로 이동했다.

김규식은 현실을 받아들이고 밀산에서 통합단체인 대한독립군단의 총사령관직을 수행했지만, 자유시 사변으로 처참하게 일그러진 독립운동단체의 지형도로 인해 결국 연길로 활동무대를 이전할 수밖에 없었다. 1921년부터 연길에 정착한 그는 1923년 고려혁명군을 조직해 총사령에 선출됐고, 1926년 4월에는 조선혁명당 중앙위원에 임명됐다.

김규식이 연길에서 연수현으로 간 것은 1926년경이다. 김좌진과 함께 한족총연합회 활동을 하면서 방정현, 연수현, 주하현을 활동무대로 삼았기 때문에 그로서는 하얼빈과 목단강, 즉 중동선과 인접하면서 일제의 감시도 피할 수 있는 곳이 필요했다. 그곳이 바로 연수현이었던 것이다. 연수현에서 그는 미래의 주역을 배양하기 위해 교육사업에 뛰어든다. 하지만 그것도 잠시, 김규식은 독립운동 세력 간의 알력으로 인해 그의 불꽃같은 삶을 마감하고 만다.

노은 김규식이 살해된 것으로 추정되는 하동 3계는 옛 모습을 많이 간직하고 있는 듯했다. 상지 시내에서 하동까지는 그리 멀지 않았다. 마의강 다리를 지나면 바로 하동에 닿을 수 있다. 정판룡의 저서를 다시 살펴보자.

하동은 주하역에서 근 20리가량 떨어진 곳에 있었다. 주하는 현 소재지이고 또 빈수선이 통하는 교통 요지라고는 하지만 퍽 어둡고 더러운 도시였다. 집들은 영구와 달라 검은 기와에 시퍼런 벽돌 아니면 굽지 않은 상태의 흙벽돌을 쌓아 지은 집들이여서 사람들에게 음침하고 무시무시한 감을 주었다. 마의강이라고 하는 큰 강이 주하 거리 남쪽을 에돌아 흐르고 있다.

하동안전농장 3계 노인회관. 노인들은 주로 게이트볼이나 가벼운 게임을 한다. 마작도 즐기는 편이다.

노은 김규식을 화장한 후 유골을 뿌린 마의강. 지금도 수량은 풍부한 편이다.

김규식은 시신을 화장해 마의강에 뿌렸기 때문에 현재 묘소도 남아 있지 않고, 자료도 거의 없어 그가 누구에 의해, 무엇 때문에 살해됐는지는 정확히 알 길이 없다. 하지만 하동 3계에서 살해당한 것만은 분명한 것 같다. 하동 3계는 오늘날 남흥촌(南興村)으로 불린다. 우리 일행은 하동의 잘 정비된 물길을 따라 3계부터 5계까지 김규식의 흔적을 샅샅이 찾아보았지만, 별다른 성과를 얻지 못했다. 무거운 발길을 돌려 그의 시신이 화장돼 뿌려진 마의강을 찾았다. 한참을 말없이 강물을 바라보고 서 있는데, 흐르는 물 사이로 슬픈 김규식의 얼굴이 어리는 듯했다. 그의 혼을 실은 마의강은 그렇게 정처 없이 흐르고 있었다.

김규식의 막내딸 김현태(金賢泰)는 1991년 『죽은 자의 숨결, 산 자의 발길』의 저자 강용권과의 인터뷰에서 다음과 같이 증언했다.

아버지 사망 소식이 연수에 있는 우리 가족에게 전해지자 어머니는 연로하여 못 오고 둘째 오빠와 내가 갔다. 아버지 시체는 2~3일 지나서야 건져낼 수 있었다. 얼굴을 명주수건으로 싸고 옷을 입힌 뒤 입관하고 마의하 버들방천 모래톱에서 화장했다. 나무를 한 길 정도 쌓아 놓고 관을 올려놓은 후 관의 상하 양쪽에 구멍을 뚫고 석유를 부었다. 뼈가루는 마의하에 뿌렸기 때문에 묘소는 없다. 아버지의 장래를 치르는 과정에 아버지의 친우들도 많이 왔는데 이청천과 키가 큰 오수암이 제일 수고했다.

지금까지 김규식의 혼이 흐르는 마의강을 찾은 한국 답사팀은 많이 있었다. 그러나 너무 김규식에만 초점을 맞추다 보니, 정작 그곳에서 오래 살았던 부인 주명래(朱明來)에 대한 조사는 별로 진행된 바가 없다. 이에 우리는 그녀에 대해 조금 알아보기로 했다.

주명래는 1881년생으로 김규식과 결혼해 5남매를 낳았으며, 우리 나이로 93세인 1974년에 하동 대성촌(大星村)에서 사망했다. 천수를 누렸다고 말할 수도 있겠으나, 남편을 여의고 무려 40여 년을 이국땅에서 홀로 자식들을 키우며 살았던 '독립운동가 아내의 고된 삶' 이었다.

8월 22일 오후 2시경, 한득수 선생과 함께 주명래의 묘소를 찾아 나섰다. 하동 정부에서 근무하는 강원도 울진 출신의 화재정(化在正)이라는 분의 도움을 받아 묘소 위치를 확인했다. 그런데 옥수수밭을 지나 장발산에 오르니, 어디가 어디인지 분간이 잘 가

지 않았다. 우왕좌왕하면서 각자 맡은 방향으로 흩어졌다 모이기
를 몇 차례 반복한 끝에야 겨우 그녀의 묘소를 찾을 수 있었다.

  강용권의 『죽은 자의 숨결, 산 자의 발길』에 따르면, 김규식의
막내딸 김현태는 "우리 가족의 묘지는 하동 8계에 있다. 1974년
93세로 세상을 뜬 어머니의 묘소와 큰 오빠, 작은 오빠, 나의 남
편 등 네 자리 묘소가 있다"고 증언했는데, 오늘날 중앙촌으로
불리고 있는 8계에는 묘소가 3개뿐이었다. 주명래를 중심으로
양편에 김현욱, 김현성의 묘가 있었으며, 김현성은 부인 이종숙
과 합장돼 있었다. 우리 일행은 묘소를 천천히 둘러본 후, 후손
의 예를 갖췄다.

노은 김규식 부인 주명래 묘소

  노은 김규식의 정확한 피살 지점을 찾지 못해 무거웠던 마음
의 짐을 주명래의 묘소 찾기를 통해 조금은 덜어낼 수 있었던

우리 일행은 한결 가벼워진 발걸음으로 '조일만 기념관'으로 향했다.

상지시에는 유명한 항일 여전사가 한 명 있다. 바로 조일만(趙一曼, 자오이만)이다. 중국인들에게 조일만은 한국의 유관순, 프랑스의 잔다르크와 같은 존재다. 북경 중국인민항일전쟁기념관에도, 심양 9 · 18역사박물관에도 그녀가 있다. 흑룡강성의 성도 하얼빈뿐 아니라, 각 도시에서도 조일만의 이름을 딴 거리 '일만가'를 흔히 볼 수 있다.

중국의 여성 항일투사 조일만

조일만 기념관 내 기념비

상지비림박물관(중국서법문화박물관)

　　상지에서 조일만은 좀 더 특별하게 기념되고 있다. 그 중심에 조일만 기념관이 우뚝 서 있다. 상지시가 야심차게 계획해 세운 이 기념관에는 중국 최대 규모의 비림(碑林)이 조성돼 있는데, 여기에는 김영삼 전 대통령의 휘호도 음각돼 있다. 조일만의 대내외적 위상을 확인할 수 있는 기념관이다. 기념관의 정문은 전통적인 중국 기와 문 형태를 띠고 있으며, 정문을 지나면 바로 본관 건물이 눈에 보인다. 그 왼쪽으로 거대한 야외 비림박물관이 웅장하게 세워져 있다. 나는 조일만의 행적을 화려하게 기념하는 전시관 내부를 돌아보는 내내 한국의 한 여성이 떠올랐다. 그녀는 한국의 여성항일투사 '이추악(李秋岳)'이다.

　　이추악은 조일만을 이끌고 항일투쟁을 했던 인물이다. 그런데

이추악

양림

아이러니하게도 중국에서 이렇게 화려하게 기억되고 있는 조일만에 비하면 이추악에 대한 한국의 관심은 너무도 초라하다. 오히려 조일만과 관계됐다는 이유로 중국인들이 우리보다 그녀를 더 많이 기억하고 있는 상황이다. 여기서 잠깐, 부끄럽게도 우리가 잊고 지낸 우리 역사의 인물 이추악과 그의 남편 양림(楊林)에 대해 잠시 살펴볼 필요가 있겠다.

이추악[본명 김금주(金錦珠)]은 황포군관학교 교관인 양림의 부인으로 알려져 있다. 그의 남편 양림[1901~1936, 본명 김훈(金勛)]은 1901년 평안북도에서 출생했다. 그의 이름이 우리 역사 페이지에 등장하는 것은 신흥무관학교 장에서다. 1911년 길림성 유하현 삼원포 추가가(鄒家街)에서 시작된 신흥무관학교는 통화현 합니하(哈泥河)를 거쳐 고산자(古山子)에 자리를 잡는다. 나라를 잃고 울분에 찬 많은 청년들이 3·1운동 직후에도 고산자에 위치한 신흥무관학교를 찾았다. 그 가운데 양림도 있었다. 고산자 신흥무관학교에 입학한 양림은 지청천, 김경천(金擎天), 신팔균[申八均, 호는 동천(東川)] 등 이른바 '만주 삼천'으로 불린 명 교관들에게서 민족교육과 무관교육을 받았다. 신흥무관학교 졸업생으로 청산리대첩에도 참가한 양림은 일제의 끈질긴 추격을 피해 러시아 연해주와 밀산을 거쳐 1921년 운남성(雲南省) 곤명(昆明)에 있는 운남강무당에 입학했다. 운남강무당은 한국광복군 참모장과 대한민국 초대 국무총리를 지낸 철기 이범석이 나온 곳이며, 중국의 전설적 군인 주덕(朱德, 주더)을 배출한 곳이기도 하다.

이추악과 양림은 어떻게 만나 부부의 인연을 맺게 된 것일까? 둘의 첫 만남은 양림의 평양숭실학교 재학 시절로 거슬러 올라간다. 이추악은 당시 3 · 1운동을 주도적으로 이끌던 양림의 모습을 보고 그에게 한눈에 반하게 된다. 이후 이추악은 그에게 적극적으로 다가갔고, 당찬 그녀의 모습에 양림 역시 호감을 느끼게 되면서 둘은 자연스럽게 연인 관계로 발전했다. 그러나 기쁨도 잠시, 양림이 일제가 내린 체포령을 피해 중국으로 망명을 가게 되면서 두 사람은 원치 않는 이별을 맞게 됐다. 하지만 조국의 슬픈 운명도 둘의 사랑을 갈라놓을 수는 없었다. 1924년 가을 이추악은 양림을 찾아 무작정 중국으로 건너간다. 양림이 운남강무당에서 교관수업을 받고 있을 때의 일이다. 운남성 곤명까지 그 먼 길을 오직 자신을 만나겠다는 일념 하나로 찾아온 그녀를 본 양림은 눈물을 참을 수가 없었다. 한국에서 곤명은 오늘날 비행기를 타고도 4시간이나 걸리는 거리다.

"어떻게 이 먼 곳까지 왔소?"
"당신과 함께 혁명할 수 있다면, 저는 이보다 더한 데도 갈 수 있어요."

다음해 둘은 결혼했다. 양림은 부인에게 항일투쟁에 보다 적합한 이름을 짓는 것이 어떻겠느냐고 제의했고, 이에 중국 근대 혁명열사인 추근(秋瑾, 치우진)과 지금도 중국인들로부터 애국주의의 상징으로 칭송받고 있는 악비(岳飛, 위에페이)의 이름에서 한 글자씩 따 '추악'으로 지었다. 이때부터 그녀는 '김금주'가 아닌 '이추악'으로 뜨거운 항일투쟁의 삶을 살아갔다.

1925년 1월 양림은 황포군관학교 훈련처 교관직을 맡았다. 황포군관학교는 손문(孫文, 쑨원)이 설립한 중국 육군군관학교다. 중국 광주 황포강(黃浦江)에 위치했기 때문에 우리들에게는 황포군관학교로 더 잘 알려져 있다. 의열단 단장 김원봉(金元鳳)이 4기생으로 활동했던 이 학교에서는 수많은 한인 학생들이 조국의 독립을 위해 군사훈련을 받았다. 바로 이곳에서 양림은 교관으로 활약하며 한인 청년들의 조국애를 담금질했다.

국공합작이 한창이던 1927년 양림과 이추악은 새로운 군사 지식과 폭넓은 세계를 경험하기 위해 모스크바로 떠났다. 약 3년간의 모스크바 생활을 마치고 돌아온 이들은 항일투쟁의 길을 더욱 힘차게 걸어가기로 결의했다. 두 사람은 항일운동에서 각자 맡은 바 역할을 수행하기 위해 1932년 여름부터 떨어져 활동했다. 이 시기 양림은 중국공산당 만주성위를 만드는 데 주력했고, 이추악은 흑룡강성 연수현과 방정현에서 특별지부 서기로 활동했다. 그러나 안타깝게도 이후 두 사람은 다시 만나지 못했다. 양림은 홍군의 장정길에 올랐다가 1936년 2월 일본군의 총에 희생됐고, 이추악은 남편 양림의 사망 소식을 듣지 못한 채로 1936년 9월 3일 흑룡강성 통하현(通河縣, 통허시엔) 서문 밖에서 총살당했기 때문이다.

그러나 조국의 비극적 운명도, 일제의 악랄한 총칼도 두 사람의 사랑은 결코 갈라놓을 수 없었다. 1936년 2월에 희생된 양림,

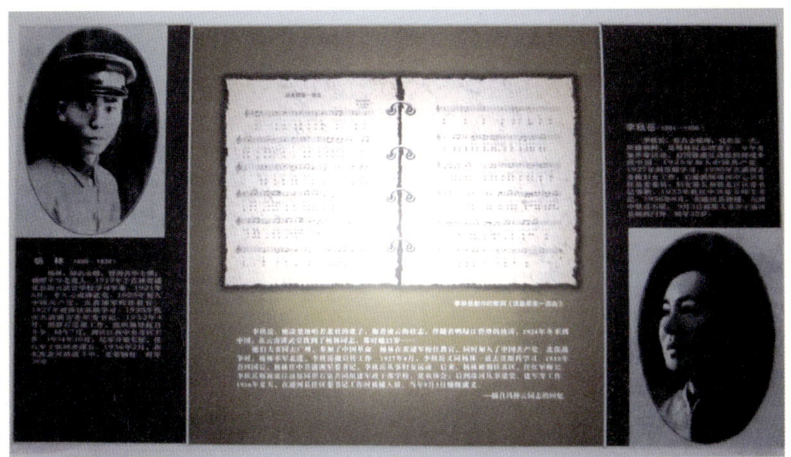

하얼빈 동북열사기념관 내 전시된 양림과 이추악

그로부터 약 7개월 후인 1936년 9월에 희생된 이추악. 1936년 하늘에서 다시 만나 두 사람은 어떤 이야기를 나누었을까? 문득 이추악이 양림을 만나기 위해 운남성 곤명까지 찾아갔을 때, 그들이 나누었던 말이 생각난다.

"어떻게 이 먼 곳까지 왔소?"
"당신과 함께 혁명할 수 있다면, 저는 이보다 더한 데도 갈 수 있어요."

나는 그렇게 조일만 기념관에서 한국의 여성항일투사 이추악을 보았으며, 이추악과 양림의 위대한 사랑을 추억했다.

– 연수현 조선족중학교/ 신민부 조력자 박세황 묘소

　노은 김규식의 1928년 당시 거주지는 하동이 아닌 연수현에 있었다. 상지와 접해 있는 연수현은 2008년 이전까지 제대로 된 독립운동 답사가 이뤄지지 않은 지역이었다. 이에 우리는 여러 가지 감정들로 마음이 분주한 아침을 맞았다. 걱정, 기대, 설렘, 책임감 등의 감정들이 채 자리를 잡기도 전인 2008년 8월 23일 이른 아침, 우리는 답사 길에 올랐다. 고맙게도 연수현 답사에도 함께 해주기로 한 한득수 선생의 도움으로 연수현 읍내에 위치한 '조선족경제문화교류협회' 사무소를 쉽게 찾을 수 있었다.

　2층에 위치한 사무실 안으로 들어가자, 김수길(金秀吉) 협회장이 일행을 반갑게 맞이해 주었다. 그 옆에 한 노인이 온화한 표정으로 앉아 있었는데, 그는 우리에게 자신을 안승철(安承哲)이라고 소개하며, 오늘 하루 김수길 회장과 함께 연수현 답사에 동참하기로 했다고 말했다. 그는 1931년생으로 강원도 철원 출신이며 조선의용군 제3지대원이었다고 했다. 그리고 그가 조선의용군 제3지대원으로 활동할 당시 제3지대의 책임자는 김택명(金澤明)이었다고 했다. 김택명은 한국전쟁 당시 북한의 수석대표였던 '이상조'로 더 잘 알려진 인물이다. 김택명은 연안에서 줄곧 활동하다가 해방을 맞이하면서 북만주 일대를 통솔했다. 안승철 노인의 이력을 듣고 있는 사이, 김수길 회장이 우리들 앞으로 책 한 권을 꺼내 놓았다.

"중국에서 최초로 정리된 조선족 100년사입니다."

그의 말에는 자긍심이 가득 차 있었다. 책 표지에는 『연수현 조선족 100년사』라고 적혀 있었다. 북경대학교 김병호 교수가 감수한 이 책은 김수길 회장이 어깨를 펴고 소개하기에 충분한 짜임새를 갖추고 있었다.

『연수현 조선족 100년사』

우리가 방문했던 2008년 당시 연수현에는 13,000여 명의 조선족들이 살고 있었다. 하지만 이것은 호적상에 따른 것이며, 실제로는 한국 등 외지로 떠났기 때문에 만 명 정도 남아 있다고 김수길 회장은 설명했다. 우리에게 여러모로 많은 도움을 준 김수길 회장은 1940년생으로 평북 벽동에서 태어나 3살 때 관전

현으로 이주했다가 1953년 북만 개발 때 다시 방정현으로 이주한 후, 1963년부터 줄곧 연수현에서 거주했다. 그는 연수현 부현장을 지냈을 정도로 영향력이 큰 이 지역 유지다. 김수길 회장은 현재 연수현에 거주하는 조선족들의 상당수가 평안도 사람들이라고 설명을 이어갔다. 그 이유는 1940년경 시작된 평안도 수풍댐 건설로 인해 평안도에 수몰지구가 발생했고, 이에 따라 집단 이주지가 필요해졌는데 그곳이 바로 연수현이었기 때문이라고 했다. 그 대표적인 마을이 연수현 어지향(魚池鄕)이란다.

김수길 회장은 우리를 연수현 조선족중학교로 안내했다. 그곳에서 우리는 김춘식 교장으로부터 학교에 대한 이야기를 들을 수 있었다. 연수현 조선족중학교의 역사는 연수진 조선족소학교에 비하면 그리 오래되지 않았다. 연수진 조선족소학교는 1926년부터 학생들을 가르쳤는데, 연수현 조선족중학교는 1956년 7월에

연수현 조선족중학교 정문. 방학이라 곳곳에서 공사가 한창이다.

야 정식으로 설립됐다. 정확하게 30년의 세월이 흐른 뒤에 중학교가 설립된 셈이다. 1957년 120명으로 출발한 학생 수는 1991년 450명을 정점으로 차츰 줄어들기 시작했다고 한다. 방학 중이라 그런지, 아이들의 모습은 좀처럼 찾아 볼 수 없었다.

김춘식 교장은 교실 하나하나를 답사단에게 보여주며 세심하게 안내해 주었다. 우리는 그가 보여준 호의에 깊은 감사의 인사를 드리며, 우리를 기다리고 있는 다음 답사지로 향했다. 신민부에서 활동했던 박세황(朴世晃)의 묘소가 바로 그곳이다. 연수현 연하진에 있다는 박세황의 묘소를 찾기 위해 손자사위인 김병학(金炳學) 노인을 찾았다. 급히 연락한 탓에 논에서 일하던 차림 그대로 달려온 그의 모습에 괜히 미안한 마음이 들었다. 그는 그런 우리에게 오히려 늦게 와서 미안하고, 찾아줘서 고맙다고 했다.

연수현 조선족중학교 본관 건물. 방학 중이라 학생들이 보이지 않는다.

그 모습에 감사한 마음과 동시에 큰 책임감을 느끼며, 그와 함께 박세황의 묘소를 찾아 나섰다.

박세황[1882~1942, 자는 북농(北農)]은 1882년 1월 7일생으로 평안남도 강서군 증산면 오하리에서 박양수의 장남으로 출생했다. 1923년 길림성 연수현으로 이주한 그는 신민부에 참여해 1926년 신창학교를 세웠고, 신민부가 군정파와 민정파로 나뉘어졌을 때 민정파로 활동했으며, 1927년 북만주한인교육회의에 연수현 대표로 참석하기도 했다. 이후 동광학교와 보명학교를 설립해 한인 민족교육 활동에 주력했다. 그리고 1930년 7월에 위하현에서 한국독립당이 창당되었을 때 홍진(洪震), 지청천, 신숙 등과 함께 당장과 당규를 제정하는 데 참여했다. 1932년 만주국 당국에 체포된 후 고문 후유증으로 1942년 10월 4일 사망했다.

박세황의 간단한 이력을 설명하면서 안승철 선생은 김병학 노인에게 친손자가 아니라 묘소를 쉽게 찾지 못한다며 애정 어린 핀잔을 주었다. 그때마다 김병학 노인은 미안한 표정을 지었다. 순수한 분이었다. 우리는 거대한 콩밭을 지난 후에야 비로소 박세황의 묘소와 만날 수 있었다. 연하진 정부로부터 약 6km 떨어진 곳에 위치해 있었다. 그러나 어렵게 발견한 묘소의 모습은 우리의 마음을 안타깝게 했다. 박세황의 친손자가 한국에서 일하기 때문에 묘소를 제대로 관리하지 못하고 있는 상황이라고 했다.

김수길 회장은 박세황 묘소의 안타까운 상황을 전하며, 연수현의 또 다른 인물인 원재룡(元在龍)에 대한 이야기를 이어갔다. 함북 경원 출신인 원재룡은 청산리대첩에 참가한 후 연수현 육

단향에서 혁신단을 조직했을 뿐만 아니라, 진단학교(震檀學校)를 설립하고 1930년에는 김규식과 함께 동빈현(東賓縣)에서 항일대오를 재건했으며, 만주사변 이후에는 무장투쟁에 직접 투신했다. 이러한 공로를 인정받아 한국정부로부터 건국훈장 애국장이 추서됐는데, 그의 묘는 후손들이 국내로 모시길 원해 현재 대전 국립현충원에 안장돼 있다고 했다. 김수길 회장은 박세황 역시 공로를 인정받아 한국 독립운동 유공자가 됐으면 좋겠다고 진심을 담아 말했다. 묘소를 간단히 정리하고 후손의 예를 드린 후 내려오는 길 내내 김수길 회장의 마지막 말이 마음에 남았다.

후손들을 부끄럽게 했던 박세황 묘

상지시로 돌아온 일행은 한득수 선생의 배려로 조선족 식당(도래미식당)에서 집 밥을 떠올리게 하는 따뜻한 저녁식사를 하고, 지친 몸과 마음을 달랬다. 다음 날인 8월 24일에는 아침 일찍 상지시에서 출발해 하얼빈 조린(兆麟, 자오린)공원의 안중근 유묵비를 감상했다. 그리고 오후에는 2007년 10월에 들렸던 안중근 기념관으로 가 강월화 관장과 이춘실 주임을 만나 취원창(聚源昶) 조사에 대한 사전 협의를 가졌다. 내일의 바쁜 일정을 위해 조금은 여유 있게 보낸 오늘이었다.

아성

– 안동사람들의 독립운동의 메카 '취원창' / 석주 이상룡 묘터/ 하동촌

2008년 8월의 마지막 답사지는 안동사람들이 터를 잡은 아성구(阿城區, 아청취) 취원창(聚源昶)이었다. 8월 25일 아침 7시, 우리는 '마지막' 이라는 단어가 주는 왠지 모를 비장함을 품고 취원창으로 향했다. 아성구 동북쪽에 위치하고 있는 취원창은 송화강을 끼고 넓은 평야를 품고 있다. 송화강 남쪽 평야는 수전 개간의 필수적인 조건인 용수가 풍부했을 뿐만 아니라 기후 조건도 강북보다 논농사에 유리했으며, 하얼빈에서 수분하로 이어지는 중동선 철도까지 있어 교통이 편리했다.

서로군정서 참모장, 대한통의부 위원장, 정의부 참모장을 지낸 바 있는 독립운동가 김동삼(金東三)의 며느리 이해동(李海東)은 자신의

책 『만주생활 77년』에서 취원창의 모습을 상세히 묘사했다. 그녀는 1934년 부터 해방 이전까지 취원창에서 생활했으며, 해방 이후 하얼빈에서 머물다 한중수교 3년 전인 1989년 마침내 조국의 품으로 돌아왔다.

이해동 가족 사진(앞줄 왼쪽에서 세 번째 김동삼 부인, 다섯 번째 이해동 여사)

1989년 중국에서 영구 귀국해 독립기념관을 방문한 이해동 여사 (왼쪽 네 번째 독립기념관 초대 관장 안춘생, 여섯 번째 이해동 여사)

취원창이라는 부락은 행정상 아성현의 촌인데 그때만 해도 300호가 넘는 큰 동리였다. 우리 교포들은 근 백호나 모여 살고 있었으며, 부락 동쪽에는 배극도강이 흐르고 강 건너편에는 역시 우리 교포가 살고 있었다. 이래서 하동농장을 포함한 취원창, 우리 교포는 광복 직전 근 200호 집중한 북만지구에서는 우리 교포들이 비교적 많이 살고 있는 부락이라 할 수 있다. 그때 취원창은 송화강이 가까워 물고기가 많기로 유명하였고, 토지가 비옥하여 어미지향이라고 하였다. 비극도강은 아성현과 빈현을 구분하는 경계가 되고 있으나, 한강물을 막아서 붓도랑을 동서로 내고 동쪽물은 하동농장이라 했으며, 서쪽물로 개간한 농장을 하서농장이라고 하여 통틀어 취원창 농장이라고 하였다.

그녀의 기억 속에 있는 '아성현 취원창'은 현재 '아성구 거원진(巨源鎮, 쥐위엔전)'이다. 하얼빈시의 영역 팽창으로 '하얼빈시 아성구 거원진'으로 지명이 바뀐 것이다. 하지만 '거원'과 '취원'은 중국 발음으로는 '쥐위엔'으로 동일하다.

우리 일행은 거원진 정부청사에 도착했다. 청사 직원들에게 이곳이 한국독립운동기지의 하나였음을 설명하고 정보를 수집해봤지만, 헛수고였다. 못내 아쉬워 그 주위를 맴돌고 있었는데, 정부청사 맞은편 식당 주인의 모습이 보였다. 지푸라기라도 잡는 심정으로 그녀에게 다가가 취원창 한인들의 내력을 설명하면서 도움을 청했다. 그런데 이게 웬일인가? 정부청사에서도 찾을 수 없던 실마리가 전혀 뜻밖의 곳에서 발견됐다. 그녀는 자신의 시할아버지에게 가면 이야기를 들을 수 있을 거라고 했다. 1930년생으로 취원창에서 태어나고 자란 산증인이라는 것이다. 어두웠

던 여정에 등불과도 같이 나타난 식당 주인의 열정과 그녀의 시
할아버지인 장보(張寶) 노인의 기억력을 앞세워 우리는 석주 이상
룡의 묘 터를 찾아 나섰다.

취원창 가는 길

　　장보 노인이 일러준 정보를 따라 거원진 정부청사로부터
2km 정도 가자, 거대한 옥수수밭이 거원진 1대와 2대로 나뉘어
펼쳐졌다. 가면 갈수록 미로 그 자체였다. 그 미로 속에서 우리
는 거원 2대에 거주하는 오유상(1940년생) 노인을 만났다. 그는 우
리가 조선인 공동묘지 장소를 탐문한다는 말을 듣고 일손을
잠시 부인에게 넘기고 고맙게도 안내를 자처해주었다. 그 덕분
에 우리 일행은 미로 속에서 더는 헤매지 않을 수 있었다. 20분
정도 흘렀을까? 그는 목적지에 다 도착했다고 말했다. 그가 안
내한 곳은 분명 공동묘지였다. 하지만 제대로 된 비석 하나 없이
수풀이 여기 저기 우거져 있어 이곳이 한인들의 공동묘지가 맞
는지, 또 어디가 석주 이상룡의 묘 터인지 확인할 길이 없었다.
우리는 다시 깊은 미로 속으로 빠졌다.

한인 공동묘지(추정). 주변이 온통 옥수수 밭이다.

이상룡(1858~1932)은 안동지역 출신으로 1911년 서간도 지역으로 망명한 후 경학사·부민단의 단장으로 활동했고, 1925년 상해임시정부의 국무령으로 추대돼 활동한 바 있으며, 이후에는 정의부·참의부·신민부의 통합운동을 지도했다. 이상룡은 한국독립운동에 있어 상징적인 인물이었다. 그의 학맥과 기맥을 끊어 독립운동의 정신을 말살하고자, 일제가 그가 자란 안동의 임청각 앞에 중앙

석주 이상룡

선을 설치했을 정도였다. 이상룡에 대한 일제의 두려움의 척도를 가늠할 수 있는 상징적인 사건이라 할 수 있다.

본명인 이상희(李象羲)를 이상룡으로 바꾸면서까지 배수의 진을 치고 망명한 그는 자신의 시신을 고국으로 이장하지 말고 만주에 묻어달라고 유언을 했을 정도로 비장한 삶을 살았다. 1932년 길림성 서란현(舒蘭縣)에서 20여 년의 망명생활을 뒤로하고 쓸쓸히 병으로 생을 마감한 이상룡의 유해는 그로부터 5년 뒤 취원창으로 이장됐다. 동생 이봉희(李鳳羲)와 조카 이광민(李光民)과 같은 묘역에 묻혔다. 그리고 1990년 9월 13일, 이상룡의 유해는 한국 정부에 의해 국내로 봉환돼 국립묘지 임정요인 묘역에 안장됐다. 그런데 그것이 끝이었다. 유해를 모셔오는 데만 급급했

을 뿐, 본래 묘지에 대해서는 어떠한 조취도 취하지 않았다. 어
떠한 기념물도, 표식도 설치하지 않아 이전 묘의 흔적을 찾기 어
렵게 만들어 버린 것이다.

그 결과가 고스란히 우리 답사단에게 돌아왔다. 그렇게 노력
했지만, 우리는 끝내 이상룡의 묘 터를 정확하게 찾아내지 못했
다. 상해 만국묘에서 모셔온 박은식(朴殷植), 신규식(申圭植), 노백
린(盧伯麟) 등의 경우와는 극히 대조적이다. 상해 만국묘에는 이
분들의 본래 묘 터에 표식을 해두어 지금도 후대들에게 역사의
중요성을 알려 주고 있다.

석주의 생가. 돌아오지 않는 석주를 기다리고 있는 임청각, 희미하게 보이는 중앙선 철길이 가슴 아프다.

이해동이 자신의 책에서 말한 '취원창 농장'의 주역은 경북 안동, 영덕, 고령 출신들이다. 이들은 대부분 서간도에서 독립운동을 전개하다가 이주한 사람들로 대다수가 한족회, 서로군정서, 대한통의부 소속 간부들이다. 구체적으로는 영덕 출신의 박의연 삼형제, 박주정 일가, 안동군의 김정식 종형제(從兄弟), 월송 김형식, 이광민 부자, 이승화, 이정인, 유동범 형제 등이었다. 이들의 삶의 흔적을 찾기 위해 방문한 농장 터에는 이들을 기억하지 못하는 한족들만 살고 있었다. 한인 자제를 위해 설립한 동원학교를 아는 이도 거의 없었다. 이제 이들의 흔적은 자료를 통해서만 확인할 수 있을 뿐이다. 1930년 12월 24일자 『동아일보』 기사에는 한인학교의 모습이 다음과 같이 묘사돼 있다.

북만 아성현 취원창에는 조선사람의 동원학교가 있는데 이 학교는 지금부터 9년 전에 동포들이 자제 교육을 위하여 설립하였던 것으로 설립한 이래 9년간에 많은 아동을 양성하여 북만에서 가장 성적이 좋은 학교인데 최근에 이르러 중국 관청에서 전부 중국어로 교수를 쓰라고 명령하였으므로 동 학교 당국에서는 그리할 수 없다고 대표로 월송 선생을 아성현 지사에게 보내어 교섭하였으나 하등 효과가 없음으로 다시 주민들은 대책을 강구 중이라 한다.

초대 교장으로 알려진 박경종(朴慶鍾, 1875~1938)은 영덕 사람으로 이상룡의 친매부다. 경학사 설립 멤버이기도 한 박경종은 을미의병 때 이상룡과 의병진을 구성해 항전하기도 했다. 경술국치 이후 이상룡을 비롯한 안동사람들과 함께 압록강을 건너 새로운 독립운동기지를 건설하고자 했던 박경종은 1920년대 남만

주의 항일근거지를 포기하고 취원창에 동원학교를 설립했다. 이
학교는 독립군의 전초기지가 됐다. 교사들 가운데는 신흥무관학
교 출신인 강동호도 포함돼 있었는데, 그는 김동삼과 혼인관계
로 맺어진 사이였다. 이처럼 취원창에서는 동원학교를 중심으로
독립운동가들이 씨줄과 날줄로 연결돼 있었다.

　2008년 8월 25일 오후 4시경, 비극도강(斐克圖江) 다리를 건너
약 2.7km에 위치한 하동촌(河東村)을 찾은 일행은 마을이 너무
조용한 탓에 잠시 당황했다. 1920년대 초에 형성된 이후 해방이
될 때까지 지속된 한인사회의 활기는 그 어디에서도 찾아볼 수
없을 만큼 한족화된 마을이었다. 다만 농장 터답게 곳곳에 수리
시설이 잘 갖춰져 있었는데, 하동농장의 옛 이야기를 들려 줄 조

선족은 아쉽게도 없는 듯했다. 마을 한가운데 있는 거대한 연못에 한가로이 잉어를 비롯한 물고기들만 노닐고 있었다. 공동 취수장 같은 느낌이었다. 허무한 마음에 한참을 바라보고 있는데, 때때로 마주치는 물고기들의 시선이 뒤늦게 찾아와 한탄하고 있는 우리들을 비웃는 듯했다. 그 연못 속으로 하동촌의 역사가 수몰된 듯한 기분마저 들었다.

'잃어버린 세계'를 상상해 스크린에 복원해 낸 영화들이 있는 것처럼, 언젠가는 우리 후손들의 손에 의해 우리 역사의 잃어버린 독립운동기지 '취원창'이 온전히 복원되는 날이 오길 기대해 볼 뿐이다.

관개 수로가 잘 정비된 취원창 하동마을